Reinhold Stecher

# Die leisen Seiten der Weihnacht

Reinhold Stecher

# Die leisen Seiten der Weihnacht

Mit Farbbildern des Autors

Tyrolia-Verlag • Innsbruck-Wien

Mitglied der Verlagsgruppe „engagement"


Die Deutsche Bibliothek – CIP-Einheitsaufnahme

Stecher, Reinhold: Die leisen Seiten der Weihnacht /
Reinhold Stecher. Mit Farbbildern des Autors. – 2. Aufl.–
Innsbruck ; Wien : Tyrolia-Verl., 2000
ISBN 3-7022-2187-5


2000
2. Auflage
© Verlagsanstalt Tyrolia
Umschlaggestaltung: Mag. Elke Staller, Innsbruck
Layout: Stefan Glatzl, Innsbruck
Lithografie:Laserpoint, Innsbruck
Druck: Athesia-Tyrolia Druck, Innsbruck
ISBN 3-7022-2187-5

# Inhalt

# Vorwort

Weihnachten ist das Fest, das selbst in einer säkularisierten, dem Glauben sich entfremdenden Welt noch immer breite Kreise in der Gesellschaft zieht. Mit seinen gemütvollen Seiten hat es für Kinder und viele Erwachsene einen gewissen Platz im Herzen.

Die hier niedergelegten Gedanken wurden zum Großteil nicht für die Kanzel, sondern für den breiten Leserkreis einer Tageszeitung geschrieben. Sie versuchen ein wenig dazu beizutragen, daß man mitten in einem veräußerlichten und kommerzialisierten Festtreiben nicht vergessen sollte, daß das Geheimnis von Weihnachten ein einmaliges Licht in die Welt gebracht hat. Diesen Gedanken des Lichts möchten auch die Bilder unterstreichen. Aber vor der Größe der Menschwerdung Gottes wird alles unzureichend – Wort und Bild.

Reinhold Stecher

9

# Adventliche Ströme im Meer der Zeit

Die Welt ist krank. Das ist die tägliche Feststellung, die durch unzählige Sendungen, Artikel, kritische Bücher, Reden, Analysen, Gespräche und Filme geistert. Auch die Literatur des satten Westens ist voll davon. Der negative Affekt dominiert allenthalben. Die Unheils-Seite der Menschheit leugnet eigentlich niemand.

Vor vielen Jahren habe ich mich gewundert, wie ich bei Kardinal Newman gelesen habe, die Wahrheit, die ihm bei seiner Suche zunächst am klarsten erschienen sei, sei die von der Erbsünde gewesen. Tatsächlich sagt diese (in der Verkündigung weitgehend untergegangene) Wahrheit genau diese Vernetzung des Bösen im Menschenge-schlecht aus. Sprachlich mag der Ausdruck „Erbsünde" wenig geschickt sein – sachlich jedoch wird eigentlich die Lehre von der verwundeten Welt kaum bestritten, zumin-dest nicht in ihren konkreten Auswirkungen.

### Nicht nur klagen

Aber wenn auch im kirchlichen Bereich die düster-mora-lischen Töne die Szene beherrschen – manchmal bis hin-

11

ein in hochoffizielle Äußerungen –, wenn Negativprophe-
ten, Krankjammerer und Sündenpfuhlvisionäre die Ober-
hand gewinnen, oder gar jene zum Teil innerkirchlichen
Bewegungen, die gleich Rutenpendlern immer und überall das Satanische orten und den Leuten ein Weltbild einreden, das fast an die Gemälde eines Hieronymus Bosch
erinnert – wenn also nur mehr die große Trauerschleife
den Erdball bedeckt, dann wirkt dieser klagend-weinerli-
che Grundton nicht nur unecht, wie alles Überzeichnete,
er ist auch kein Dienst am Heil.

Damit möchte ich weder die Abgründe des Herzens noch
der Gesellschaft oder der Epoche ableugnen. Gleichwohl,
man kann leicht auch den Jammer zu dick und zu hart-
näckig auftragen. Die Klagelieder des Jeremias beten wir
hie und da, aber nicht von früh bis spät. Es gibt Formen
von Klagegesängen, die man schlicht und einfach satt
kriegt. Hinter solchen allzu dichten Nebelvorhängen verschwindet die befreiende Wirklichkeit der Erlösung.

Es ist mir ein Trost, daß es unserem Herrn und Heiland
ähnlich gegangen sein muß. Als er zur Tochter des Jairus
gerufen wurde, hat er zunächst einmal die Flötenspieler
mit ihren Jammerstäben und das professionelle Geheule
der Klageweiber hinausgewiesen: Wie soll man bei solcher Begleitmusik das wunderbare, leise Wort sagen können „Talita kum" – „Mädchen, steh auf"? „Das Mädchen
schläft nur", hielt er den besserwissenden Todesdiagno-

stikern entgegen, die ihn verlachten (vgl. Mk 5,35-43). Ist es beim kranken „Mädchen Welt" nicht ähnlich? Geht es von verschiedenen Seiten her nicht ein bißchen zu schnell mit dem moralischen Totenschein für die Menschheit? Und übersieht man vielleicht da und dort auch in frommen Ergüssen über die Bosheit der Welt jene Unterströme des Heils, die immer da sind, nicht deshalb, weil wir ein so imponierendes, nicht unterzukriegendes Geschlecht wären, sondern weil in dieser Menschheit – auch in der heutigen – so etwas wie eine unverdrossene Regie des Heils am Werk ist, und weil diese Erde nie eine ganz verlassene und aufgegebene ist?

## Grundströme des Heils

Ich gebe zu, daß die Dynamik vom Unheil zum Heil sehr oft verborgen ist, wie beim wärmenden Golfstrom, den man in den Wogen des Atlantiks zunächst nicht bemerkt. Doch diese Ströme sind da, und wer die Sinne für das Gute schärft, kann sie spüren. Fast jeder kann früher oder später auch ihre Wirkungen sehen, eben wie beim Golfstrom, der unwirtliche Küsten zum Blühen bringt.
Der Advent ist die Zeit, in der man auf diese Ströme achten sollte. Wir sollten die Hand eintauchen oder auf die Thermometer des Geistes achten, die wärmere Tempera-

turen anzeigen. Auch sollten wir uns von solchen Strömen ergreifen und tragen lassen. Denn in ihnen wird Gottes Heilswille, der im menschgewordenen Wort aufleuchtet wie Kristall, in der Geschichte offenbar.

Es gibt Weltkarten, auf denen die warmen Ströme der Ozeane eingezeichnet sind. Ich kann hier keine Weltkarte heutiger Grundströmungen entwerfen, doch auf den einen oder anderen Strom, der uns begegnet, möchte ich hinweisen.

Da gibt es einen Strom, der sich an der Grenze von Kalt zu Warm bewegt. Es ist der Strom einer tiefen Frustration, die aber auch eine Chance in sich birgt. Ich meine damit das Wissen um die Leere einer Welt ohne Glauben.

Selbst wenn wir uns zu den Gläubigen zählen, sind wir uns – Ehrlichkeit vorausgesetzt – dennoch im klaren, daß dieses Gläubigsein mit sehr viel Anfechtung und Unsicherheit verbunden ist, weil selbst bei einem großherzigen Glauben nun einmal nicht alle Rechnungen so glatt aufgehen. Die Theologie hat immer vom Glaubensdunkel gesprochen.

Doch wir vergessen dabei, mit welcher Unsicherheit der Unglaube selbst befrachtet ist. Da bohren im Hintergrund immer die Fragen: Ist dieses Sicht- und Erlebbare wirklich alles? Bin ich nur eine kurzlebige Ameise am Rande des Universums, das zu meinen Fragen schweigt (wie einmal

ein Naturwissenschaftler formuliert hat)? Gibt es da, was man doch zutiefst erhofft – Gerechtigkeit und vor allem Barmherzigkeit –, gibt es das also nur in irgendwelchen utopischen Träumen? Treibt alles nur in ein rätselhaftes Chaos?

Das Ungläubigsein ist demnach gar nicht so einfach, wie es zunächst scheinen mag. Und das bloße Ausleben vitaler Wünsche ist es auch nicht; das Leben mit verdrängter Schuld ebensowenig. Und so tritt immer wieder ein Frustriertsein hervor, eine Leere, die zu einem Strom einer durchaus heilsamen Unruhe anwachsen kann. Es ist gewiß noch kein Strom des Heils, doch er nagt an den Barrikaden, die Gottes Heilsstraßen versperren.

Da ist auch der bereits wärmere Strom der Solidarität, den ich unbedingt erwähnen muß, da er ein Strom ist, der gerade in unserer Zeit besonders mächtig aufgebrochen ist. Wenn es die Impulse der Nächstenliebe schon immer gegeben hat, heute jedoch ist gleichsam ein Strom der Hilfe und Zuwendung an fremde Küsten zu sehen, eine neue Art von Fernstenliebe, eine Form weltweiter Anteilnahme und Betroffenheit. Die sonst immer auf den Sünderbänken sitzenden Massenmedien haben daran einen nicht unbeträchtlichen Anteil. Als Referatsbischof der österreichischen Caritas wird man mir glauben, daß ich diesem Strom oft begegne. Eine Sturmflut in Bangladesch ist Anstoß zum Handeln für eine Hauptschule in einem Bergtal, eine Hungersnot in Äthiopien weckt das Mitgefühl der Menschen in einem Altersheim, und die Not der Kurden sensibilisiert die Öffentlichkeit eines Landes. In früherer Zeit hat es niemanden bewegt, „wenn hinten, weit in der Türkei, die Völker aufeinanderschlagen". Heute werden Erdteile mobilisiert. Menschen opfern ihren Urlaub, um bei Erdbebenkatastrophen zu helfen.

Natürlich gibt es bei Leuten, die einen sogenannten Heile-Welt-Horror haben, zu allen derartigen Phänomenen ein „Ja, aber", einen Vorbehalt, ein hintergründiges Fragezeichen. Das ist überall so, wo Menschen am Werk sind. Übrigens müßte ich diesen Alles-und-Jedes-Hinterfragern auch ins Stammbuch schreiben, daß ihr eifriges Hinterfragen selbst zu hinterfragen wäre und daß dabei oft gar nichts Ansehnliches herauskäme ...

Die Woge des solidarischen Mitfühlens ist eine wunderbare Strömung auf der Erde: von der Behindertenhilfe bis zum Amnesty-Einsatz, vom Brunnenbohren im Sahel bis zum Straßenkinderprojekt in Südamerika.

Einen anderen Strom möchte ich als Trend zur gültigen Motivation bezeichnen. Auch dabei handelt es sich keineswegs um eine rein innerkirchliche Erscheinung, im Gegenteil: In allen Bereichen des menschlichen Lebens ist das Bedürfnis zu spüren, gültige Motivationen für das immer komplizierter werdende menschliche Tun und Lassen zu erhalten – ob in der Wissenschaft, in der Wirtschaft, in der Politik, auf dem Gebiet des Tourismus oder der Umwelt. Man möchte ethische Haltepunkte ansteuern. Die Zeit des unbekümmerten Sich-Treiben-Lassens im Wind des Fortschritts ist vorbei. Dazu ist man in diesem Jahrhundert zu oft an die Klippen gekracht.

Ich erlebe diesen Trend – und so wie ich viele andere – in einer kaum zu bewältigenden Flut von Einladungen, bei verschiedensten Gelegenheiten hierüber zu sprechen und Orientierung zu geben. Dem zu entsprechen, überfordert geradezu, weil ja das lebensnahe Formulieren solcher Zielpunkte immer auch eine Kenntnis des betreffenden Wissens- oder Lebensgebietes voraussetzen würde, über die man verständlicherweise nicht verfügt. Aber wenn das Ringen um gültige Motive beginnt, endet es fast zwangsläufig in den Bereichen des Zeitlosen, im nicht mehr einfach Relativierbaren, bei dem, was keinen Moden und Meinungen mehr unterworfen ist. Die gültige Motivation tastet hinüber ins Unendliche. Und so ist auch hier wieder ein Strom des Heils aufgebrochen, der mitten aus der unruhigen Welt der Macher kommt und aus der Tiefe zum Licht drängt.

Wenn ich daran denke, daß innerhalb weniger Tage zwei Besuche zu mir kamen, die mich bewegt haben, kann ich noch einen Strom aufzeigen, der auch in der Welt des

Geistes unserer Epoche wiederzufinden ist. Bei diesen Besuchen handelt es sich um eine Gruppe, die sich um ein „einfaches Leben" als Beitrag zu einer menschlicheren Welt bemüht, sowie um eine Gruppe junger Menschen – man höre und staune –, die allen Ernstes ein Gelübde moderner Armut ablegen möchten – und dies mitten in einem der zehn reichsten Länder der Erde. Hier begegnet uns jene Woge, die der amerikanische Sozialphilosoph und Psychoanalytiker Erich Fromm mit dem Ruf „vom Haben zum Sein" zum Ausdruck gebracht hat.

## „Was nützt es dem Menschen …"

Es gibt nicht nur die skurrilen Tänze um die Statussymbole und die Auffassung von der Welt als eines endlosen Buffets, an dem man sich hemmungslos bedienen kann. Es gibt nicht nur die Besitztrunkenheit und die endlose Zuwachsraten-Erwartung. Diese gibt es natürlich auch. Dennoch blüht in unserer Zeit auch die Erkenntnis, die das Wort Christi so schlicht ausgedrückt hat: „Was nützt es dem Menschen, wenn er die ganze Welt gewinnt, aber an seiner Seele Schaden leidet …?" Natürlich wird man mir entgegenhalten: Das sind doch reine Ausnahmeerscheinungen, die große allgemeine Geste ist nach wie vor die des Forderns und des Mehr!

19

Es gibt aber auch anderes. Es gibt zum Beispiel mehr zufriedene Menschen, als man meinen möchte. Ich erlaube mir diese Feststellung. Ich habe in meiner Diözese 5000 Kranke besucht (und auch diejenigen, die sie mit Geduld und Treue pflegen). Und hier habe ich keine Welt des Habens angetroffen, sondern eine Welt des Seins.

Doch ist hier noch etwas hinzuzufügen, was für alle Wellen und untergründigen Ströme gilt: Sie warten auf Bejahung, damit sie aus der Tiefe an die Oberfläche kommen können. Und hier schließt sich der Kreis: Durch Klagen, Schimpfen, Anprangern und Verurteilen wirkt man kein Heil. Die Klageweiber dienen dem Tod, nicht dem Leben. Der negative Affekt leistet einen sehr bescheidenen Beitrag zu einer menschlicheren Welt. Was wir brauchen, ist die Sensibilisierung für das Gute, die Freude daran, die Dankbarkeit.

Nur wenn wir die Herzen für die Ströme des Heils in unserer Zeit öffnen, wird uns der Advent mehr sein als eine Erinnerung an das Warten der Menschheit vor Christus, und mehr als einige wunderbare, heimelige Bräuche. Dann stehn wir mitten im zeitlosen Advent Gottes, der immer aktuell ist.

# Bahnt dem Herrn die Straßen!

Vom Fenster meines früheren Arbeitszimmers aus geht der Blick hinunter in die Altstadtgassen Innsbrucks, über die sich in den Wochen vor Weihnachten die Lichtgirlanden spannen. Die in Helligkeit getauchten Pflasterwege unter der Dezembernacht haben etwas Anheimelndes. Auf meinem Schreibtisch liegt aufgeschlagen das Buch des Propheten Jesaja, und darin ist auch von Straßen die Rede. Er singt dem Kind von Bethlehem schon siebenhundert Jahre vorher ein Begrüßungslied: „Bahnt für den Herrn einen Weg durch die Wüste! Baut in der Steppe eine ebene Straße für unsern Gott! Ebnet den Weg, räumt die Steine beiseite ...!"

Wo sind sie, diese Wege Gottes in unserer Zeit? Die strahlenden Geschäftsstraßen kann man wohl nicht ohne weiteres damit identifizieren. Gibt es in unserer Epoche so etwas wie ein Straßenbauprogramm Gottes? Zeichnen sich in Kirche, Gesellschaft und Weltbewußtsein von heute Trassen des Geistes und des Herzens ab, die man als „Straßen des Herrn" bezeichnen könnte; Straßen, die nach Bethlehem führen und darüber hinaus in eine erlösere Welt? Ich glaube, daß es dieses Straßenbauprogramm Gottes gibt. Nur liegt es meist im Schattendunkel

21

unseres Bewußtseins. Also will ich für diese großen Transitrouten Gottes die Beleuchtung einzuschalten versuchen. Sie verdienen wirklich ein paar Lichtgirlanden.

### Die Straße in Richtung Herz

Seit damals, als der Verhaltensforscher Konrad Lorenz in seinen „Acht Todsünden der zivilisierten Menschheit„ darauf hinwies, sind über ein Phänomen ganze Bibliotheken geschrieben worden: die sterbenden menschlichen Beziehungen in einer verstädterten, überorganisierten, übertechnisierten, computergesteuerten, sich auf enger werdendem Raum zusammendrängenden Menschheit. In einem derartigen Klima schwinden Anteilnahme, Einfühlung, Empathie, Hilfsbereitschaft und Zuwendung wie die seltenen Blumen auf Kunstdüngerwiesen.

Aber es ist kein Zweifel, mitten in diesem fröstelnden Klima der Isolierung und Ausgrenzung des Einzelmenschen gibt es Gegenbewegungen, Trassen mit vielen Fahrbahnen, aufbrechende Anteilnahme, Verständnis für Außenseiter, neue Sicht der Behinderten, Bewegungen, die sich weltweit der Unterdrückten und Vergessenen annehmen. Schon vor Jahrzehnten haben Futurologen auf einem ihrer Weltkongresse diese Trasse in groben Zügen entworfen und gesagt, es sei wichtiger für das Glück der

Menschheit, Menschen mit Herz und Fähigkeit zur Empathie, zur Einfühlung zu erziehen, als nur auf rasanten technischen Fortschritt zu vertrauen.

Es gibt diese Straße zum Herzen hin. Ich sehe sie vor allem in der Mentalität vieler junger Menschen, mit denen ich zu tun habe. Wenn man in meinem Alter versucht (was schwierig genug ist), sich von den fast zwanghaft einsetzenden Illusionen der Vergangenheitsvergoldung freizumachen, dann muß man zugeben: Diese Generation ist vielleicht weniger robust und weniger belastbar, als es unser rauheres Geschlecht war, aber sie ist sensibler, wacher, mitfühlender, milder urteilend, verstehender und verstehensbereiter, als wir es waren. Sie haben ihre Schwierigkeiten und Probleme, die anders akzentuiert sind, als es die unseren damals waren, aber auf der Straße zur Herzlichkeit schreiten sie freier aus. Ich brauche nur daran zu denken, wie manche junge Menschen sich eines Behindertentransportes annehmen, der in unsere Stadt kam ... Alle Straßen der Herzlichkeit sind Trassen nach Bethlehem. Man darf auf ihnen getrost ausschreiten.

*Die Straße in Richtung Ethos*

Was diese Trassenführung unserer Gesellschaft betrifft, erlaube ich mir ein wenig mitzureden. An dieser Baustelle werde ich nämlich häufig eingeladen, eine Schaufel voll für den Unterbau beizusteuern. Wenn ich meinen Jahresterminkalender rasch durchblättere und zu sammeln versuche, was da an Themenwünschen geäußert wurde – von Ärzten und Sozialhelfern, Anästhesiologen und Gynäkologen, Tourismusfachleuten und Kreditinstituten, Junger Wirtschaft und Psychiatern, Alpenverein und Lions-Club, Bäuerinnen und Offiziersgesellschaft, Jungbauern und Dritte-Welt-Helfern –, bei allen kreist es fast immer um die Frage: Wo sind die tragenden Werte, die entscheidenden Ziele? Was sollen wir tun, wo sind die Grenzen, die das Menschliche wahren? Dürfen wir, was wir können? Alles zielt auf die Urfrage hin: Was ist gut?

Soweit ich mich zurückerinnern kann, ist diese Straße in Richtung Ethos noch nie mit derartiger Deutlichkeit aufgebrochen wie heute. Es scheint, daß am Ende des fortschrittlichsten aller Jahrhunderte, angesichts der ungeahnten, fast erschreckenden Möglichkeiten des Menschen das Verantwortungsbewußtsein stärker ins Blickfeld kommt. Diese Trasse gehört Gott. Und sie hat viele Fahrstreifen.


## Die Straße in Richtung Schöpfung

Vor etwa dreißig Jahren hatte ich ein Schlüsselerlebnis, das ich nie vergessen werde. Ich ging daran, aus der fast unübersehbaren pädagogischen und erziehungspsychologischen Literatur eine Bibliographie zum Thema „Erziehung zur Ehrfurcht" zusammenzustellen. Ich mußte kapitulieren. Es war keine Schublade da für dieses erzieherische Anliegen. Nur in Spurenelementen fand sich das Thema da und dort verstreut. Das ist inzwischen anders geworden. Ehrfurcht vor Mensch, Schöpfung und Schöpfer ist wieder ins Zielfeld gerückt. Schon in der Sprache, dem untrüglichen Thermometer einer Zeit, ist dies zu spüren. Das einst so selbstbewußte Vokabular des Fortschritts wird nur mehr zögernd und sehr einschränkend gebraucht: Erschließung, Ausbau, Nutzung, Pioniertat, Entwicklung, Steigerung, Zuwachsrate ...

Andere Worte sind statt dessen modern geworden, erhalten Öffentlichkeitsrecht, nisten auf Abgeordnetenpulten und wandern in Gesetzestexte: Behüten, Schützen, Schonen, Ruhezone, Schranke, Schutzgebiet, Umweltverträglichkeit, Umweltfreundlichkeit ... Aus der verachteten Drecklacke meiner Jugend ist ein kostbares Biotop geworden, das wahre Wunder des Lebens birgt, Wunder, die für stundenfüllende Fernsehfilme reichen.

Die Straße der Ehrfurcht vor der Schöpfung ist in vollem Bau. Und es ist sicher eine Straße Gottes in der Welt von heute. Auch eine Straße zum Menschen. Sie läßt hoffen, daß Zerstören und Töten immer weniger „in" wird. In allen Bereichen.

## Die Straße in Richtung Transzendenz

Das ist wohl die Straße, die Jesaja besonders am Herzen lag: jene Bahn, auf der das Menschenherz in die Ewigkeit zieht. Wie steht's mit dieser Straße in unserer Zeit?
Eines ist augenfällig: Auf der Hälfte unserer Erde ist die Staatsmacht und ihre Ideologie nun achtzig Jahre lang mit allen Bulldozern aufgefahren, um diese Straße zur Transzendenz einzuebnen. Das Unternehmen hat vielen gläubigen Menschen unsägliches Leid gebracht. Aber das Ergebnis war kläglich. Aus Kellern und Kolchosen, aus Lagern und Gulags, aus Forschungszentren und Hohen Schulen steigt der Glaube wieder auf. Jahrelang sind sie am 1. Mai an den dunklen, gesperrten oder zweckentfremdeten Kirchen vorbeigebraust, die Panzer und Raketenlafetten und die exakten Marschstiefelklopfballette mit dem dröhnenden Schritt.
Aber jetzt glimmen in den dunklen Kirchen die Kerzen auf, und Menschen drängen sich in ihnen. Die Straßen zur Transzendenz haben alle Paradeplätze und Aufmarschstraßen der Gottlosigkeit überquert und überdauert. Gott läßt sich seine Straßenbaukonzepte auch nicht von irgendwelchen Politbüros und Stasi-Zentralen streichen.
Und der Westen? Haben hier nicht die Avenuen und Prachtstraßen des Wohlstandes die Wege zu Gott überdeckt oder in enge Seitengassen abgedrängt? Manchmal

scheint es so. Und doch – wie hat ein Schweizer Psychotherapeut, der seine Praxis in eben einem dieser Zentren von Business und Reichtum ausübt, einmal zu mir gesagt: „Spätestens bei jedem dritten Gespräch bin ich mitten im religiösen Problem ..."

Manchmal mag die Straße zur Transzendenz in unserer Gesellschaft eine Unterflurtrasse sein, aber sie verschwindet nicht. In tausend Sehnsüchten tritt sie immer wieder hervor. In aller Welt brechen die Sucher und Wallfahrer auf, im wirklichen und im übertragenen Sinn.

Es gibt also nicht nur die girlandengeschmückten Altstadtgassen, die mit ihrem traulichen Schein eine fröhliche Weihnacht zuflüstern. Es gibt in unserer dunklen Welt auch die Straßen des Jesaja, die großen Trassen Gottes, auf denen die Menschen dem Heil zuwandern, das in der Nacht von Bethlehem auf die Erde kam ...

# Die leisen Seiten der Weihnacht

In der Annahme, daß so mancher Leser ähnliches fühlt wie ich, wage ich ein Geständnis: Je näher das Fest rückt, um so mehr spüre ich einen Zwiespalt. Auf der einen Seite ist eine gewisse Hektik und Betriebsamkeit, der Lärm und das Laute unvermeidbar, und dabei ist es gar nicht immer störender Lärm, sondern durchaus wohlwollender und liebenswürdiger; aber im Hintergrund mahnt und warnt es doch ständig: Geh auf die leisere Seite des Lebens! Jetzt ist die Zeit für das Verschwiegene und Schweigende, für das Ungesagte und Unsagbare. Weihnachten hat das Gewicht auf den leiseren Seiten des Daseins. Wenn ich mir im Advent eine wunderbare Stunde im Dom mit Sängern und Geigern anhören durfte, ist diese Mahnung wieder verstärkt worden.

Aber dann ist doch gleich wieder der Alltag da. Und es heißt formulieren, reflektieren, kontaktieren, reagieren, korrespondieren und in Interviews parlieren – es geht mir beinahe wie dem Bürgermeister von Saardam in der berühmten Arie in Lortzings Oper „Zar und Zimmermann" ...

Aber die Heilige Nacht kommt näher. Und nun muß der Teppich des Schweigens am festlichen Bahnhof ausgerollt werden, damit das Geheimnis dieser Nacht aussteigen und in unser Leben treten kann. Ohne diesen Teppich fährt der Zug des Jahres vorbei und Weihnachten wäre nur ein Datum gewesen.

Mit einem romantischen Anflug wünschte ich mich manchmal von Ambo, Studio und Schreibmaschine weg auf einen der verschneiten Wege, die droben in den Bergwäldern die Nordkette oberhalb von Innsbruck queren, oder an einen stillen See, um den die Rauhreifbäume einen zarten Spitzenrand gewoben haben, wie ich es so oft bewundert habe.

Aber der Weg in die Idylle, der manchmal so schön ist, ist doch nicht einfach die weihnachtliche Straße. Die Nacht der Selbstentäußerung Gottes, der Kenosis, wie sie die Griechen genannt haben, verlangt Erinnerung und Einstieg nicht nur in das beglückende, sondern auch in das beklommene und beklemmende Schweigen.

### Die bedrückende Stille

Da ist einmal die Stille der leisen Not. Es gibt viel Not, die sich nicht recht artikulieren kann. Sie ist in vielen Briefen und Gesprächen zu mir gekommen – und sie ist im Wachsen. Da ist die leise Not wegen der zu kleinen und viel zu teuer gewordenen Wohnung; da ist die stum-

31

me Not des jungen Arbeitslosen, der mit abgeschlossener Ausbildung dasitzt und sich täglich durch die Stellenangebote der Zeitungen ackert. Und dann gibt es da die Stille der sprachlos Gewordenen, der Vereinsamten neben uns, der psychisch Belasteten, die die sozialen Kontakte verlieren. Und das Verstummen des Lebens, das rund um die alte Frau ist, die auf Besuch wartet – und niemand kommt. Erst bei der Testamentseröffnung werden sie dann dasein ... Still ist es auch um den Sandler, der sich in irgendeiner Ecke in den Mantel wickelt – hoffentlich sind es in dieser Heiligen Nacht nicht zu viele. Bedrückendes Schweigen breitet sich auch dort aus, wo die Verbitterung alle Türen verriegelt hat und der Mensch nicht mehr glauben kann.

Leise, ganz leise geht es in dieser Nacht auch auf der Intensivstation zu, wo nur flackernde Linien auf Bildschirmen den Rhythmus des Herzens anzeigen, das zwischen Leben und Tod schlägt.

Es ist gut, am Heiligen Abend zunächst durch diese Räume und Winkel des beklommenen Schweigens in Welt und Gesellschaft zu gehen, weil der Welterlöser in der Krippe ja in die Welt des kleinen, menschlichen, oft vergessenen und übersehenen Leids eingetaucht ist. Die Realität von Bethlehem war keine Idylle.

Wenn man in der Heiligen Nacht sich an den schweigend-belastenden Seiten der Welt nicht vorbeidrückt, dann birgt diese Nacht doch auch die tröstende Stille. Bethlehem war eine wunderbare Kombination von Stalldunst und Herrlichkeit.

### Die beglückende Stille

Es gab in meinem Leben eine Weihnachtsnacht, in der beides gegenwärtig wurde – das lastende Schweigen und die jubelnde Stille. Es war auf einem einsamen, zugefrorenen See in Nordkarelien. Wir waren zu zweit in der Langlaufspur unterwegs, von einem Stützpunkt zum anderen. Rundherum eine weiße Welt, die sich im Dunkel verliert. Alles ist weiß, sogar wir selbst, bis auf die Augenschlitze im Tarnzeug. Die letzten Uferbäume sind schon längst zurückgeblieben – und nun ist nur die Fläche da, die sich im Dunkel verliert. Es ist an sich eine menschenleere Gegend. Jetzt sind Menschen da, aber ferne Schüsse verraten, daß diese Menschen dem Land keine menschliche Note geben, sondern eine unmenschliche. Es gibt nichts Einsameres als einen zugefrorenen See am Polarkreis in der Nacht, die 23 Stunden dauert. Man hört nur das leise Gleiten der Langlaufschier, die Stöcke setzen im Pulverschnee lautlos ein. Man kommt sich wie verloren vor, verloren in einer fremden, kalten, dunklen, stummen Welt.

Und plötzlich beginnt es. Über dem Himmel flammt das Nordlicht auf. Jähe Strahlen schießen wie eine große Orgel zum Zenit, wandeln sich in wallende Gardinen, die vor den Sternbildern hängen. Rote und grüne Schimmer huschen über das wogende Licht, fallen in sich zusammen – und neue Lichtgewitter tauchen auf, Wellenspiele und gleißende Girlanden. Diese Heilige Nacht werde ich nie vergessen. Nie war die unerlöste, dunkle, hoffnungslose Welt und die Armseligkeit des Menschen eindrucksvoller dargestellt als in dieser trostlosen weißen Öde mit den bösen Maschinengewehrsalven in der Ferne. Nie habe ich ein eindrucksvolleres Szenario für das alte Adventslied „O Heiland, reiß die Himmel auf" erlebt als mit dieser Lichtorgie über dem großen Schweigen.

## Schweigen der Ewigkeit

Der Gegensatz auf dem Hirtenfeld in Bethlehem kann auch nicht krasser gewesen sein – unten verlorenes, winziges Menschenschicksal und ein paar arme Teufel, die sich als unstete Wanderhirten durchs Leben schlugen – und darüber der Gloriahimmel. Die Nacht der Geburt des Herrn birgt beides, das stumme Leid der Welt und die Herrlichkeit, die aus dem Schweigen der Ewigkeit kommt. Noch etwas bringt mir der Lauf über den winterlichen See in jener Heiligen Nacht in Erinnerung. Wir sind in der frostig-dunklen Welt auf das Licht zu unterwegs gewesen. Wie der himmlische Fackeltanz vor uns begonnen hat, sind wir schneller gelaufen. Mein Freund vor mir hat Tempo gemacht, die Gleitschritte wurden länger und die Stöcke haben den Pulver aufstäuben lassen – im blassen Schimmer des Nordlichts. Es wird wohl immer so sein, daß die Dunkelheit lähmt und das Licht beschwingt. Und was in der Heiligen Nacht an Botschaft aufflammt, das kann uns nur beflügeln: Der Himmel bricht über die Erde herein, Gott kommt zu uns. Mein Freund von damals hat seine Spur inzwischen schon mitten ins Licht hineingelegt. Er war ein einfacher Handwerker und ist vor Jahren als Missionar in Ostafrika gestorben ...

Und so erinnert mich die einsame Loipe in die Heilige Nacht hinein an das Wort des Propheten Jesaja (40,31), das ich allen weitergeben möchte, die die leise, tiefe Weihnacht feiern:

„Die aber, die dem Herrn vertrauen, schöpfen neue Kraft, sie bekommen Flügel wie Adler. Sie laufen und werden nicht müde, sie gehen und werden nicht matt."

# Frust und Freude der Weihnacht

Natürlich sollte man einen Weihnachtsartikel nicht mit Seufzern beginnen. Klagende Töne sind in der Weihnachtsmusik im allgemeinen nicht zu finden. Aber es gibt bei vielen Menschen auch ein hintergründiges Unbehagen mit dieser Zeit des Jahres und ihrem Drum und Dran. Und ich möchte nicht einfach Glitzersterne, Kerzenschimmer und süße Düfte über die Schatten, die Defizite und Auswüchse dieses Festes streuen. Ganz abgesehen davon, daß menschliche und soziale Belastungen um diese Zeit schwerer werden können als sonst – adventlich-weihnachtliches Engagement kann sich für manche Rollen und Berufe zum Streß auswachsen. Das gilt für die Verkäuferin, die berufstätige Hausfrau, den eifrigen Vereinsfunktionär, den Mann in der Hotelrezeption, den Politiker (auch ohne Wahlen), den Sozialarbeiter genauso wie für den Seelsorger. Vorbereitungen erfordern Zeit sowohl in der Küche wie beim Einkauf, am Schreibtisch wie bei der Musikprobe. Zeit ist zu unserer großen Mangelware geworden. Sie ist wie ein prall gefüllter Rucksack, in den immer noch etwas hineingestopft werden soll. Besuche werden zum Terminproblem. Kontakte weiten sich zur Postflut aus. Helfen wird zur Erlagscheininvasion. Lichterglanz degeneriert zur Reklame, und alte Weisen werden zur akustischen Berieselung. Die alljährlich sich häufenden Friedensappelle gehen an fanatischen Idioten immer wieder vorbei, so wie an jenen Verrückten in Bosnien, die einen Waffenstillstand noch schnell nützen müssen, um ein paar Dörfer niederzubrennen, weil ja viel zuwenig zerstört ist. Das alles kann sich in dieser an sich heiligen Zeit manchmal zum Weihnachtsfrust sammeln.

Es muß einmal heraus. Aber nachdem es gesagt ist, daß wir Menschen auch ein schönes Fest destruieren und entzaubern können, müssen wir doch die dunkle Brille dieses dumpfen und pauschalierenden Unbehagens ablegen. Sie verzerrt die Wirklichkeit, schwächt das Licht, trübt die Farben und vertieft die Schatten. Der negative Affekt lähmt das Leben und macht Freude unmöglich. Mit zu hochgespieltem Ärger kann man Weihnachten ausblasen wie eine Christbaumkerze. Und dabei hat dieses Fest doch wunderbare Lichteffekte.

### Das Fest, das Kreise zieht ...

Man muß sich eigentlich darüber freuen, daß ein Fest in einer so säkularisierten Gesellschaft Lichter über Kirchenräume und Wohnzimmer hinaus wirft. In einer Zeit, in der die Inhalte verdunsten und menschliche Beziehungen verkümmern, ist ein Fest, das viele Sparten der Gesellschaft anspricht, alles andere als selbstverständlich. Wir verlernen aus vielen Gründen die Kunst des Feierns, die in weniger anspruchsvollen Epochen besser entwickelt war. Man darf sich ruhig freuen, daß es ein Fest wie Weihnachten gibt. (Man muß es sich nur einmal wegdenken, dann dämmert ein wenig die Leere herauf, die es zurückließe ...) Vielleicht hält sich dieses Fest so zäh, weil es auch immer wieder mit den Kindern neu beginnt? Wer mit Kindern feiert, der muß doch die Lichter neu anzünden. Und wenn er noch so enttäuscht und abgebrüht wäre, die Erwartung und Freude eines Kindes wird einfach ein Muntermacher sein. Wie weise war Gott, daß er mit einem kleinen Kind die Hoffnung in die Erde säte ...

### Das Fest des Gemütes

Was wir mit dem in andere Sprachen schwer zu übersetzenden Wort „Gemüt" meinen, kommt in einer durchorganisierten, rationalisierten, berechnenden und analysierenden Welt eher zu kurz. Manchmal ist das Herz sogar im Raum der Kunst unterbelichtet. Und dabei wäre ein bescheidener Reichtum an Gemüt fast der kostbarste Schatz in der Lebensbewältigung. Wer Gemüt hat, dem leuchten Mitwelt und Umwelt auf. Die ganze Kultur rund

39

um die Weihnacht, sei es im Volksbrauch oder in hohen Formen der Kunst, ist auf Wärme, Zartheit und Sensibilität des Fühlens abgestimmt. Der ganze Minnesang um Bethlehem meidet das Schrille und Kreischende. Mir geht ein Wort von Gertrud von Le Fort nicht aus dem Sinn: „Lob genug ist ihm ein Wiegenlied". Heute muß sich das Gemüthafte in einige Reduits retten – wie eine bedrohte Tierart. Darum bin ich um ein Fest froh, das dem Gemüt die Tür auftut, damit es in der Kälte nicht verkommt wie ein Sandler unter dem Brückenbogen ...

### Der Geysir der Menschlichkeit

Die heißen Quellen Islands, die Geysire, brechen periodisch mit einer gewaltigen Fontäne hervor. Und dieses Naturschauspiel ist mir ein Bild für den alljährlichen Boom der Menschlichkeit, den Weihnachten bringt. Ich glaube kaum, daß es etwas Vergleichbares in der Religions- und Kulturgeschichte der Menschheit gibt. Ich gestehe, daß ich von dieser heißen Quelle viele Spritzer abbekomme: Da ist der Brief der Rentnerin, den ich gerade geöffnet habe, und aus dem die Tausender für Mütter in schwieriger Lage herausquellen; und der Scheck auf dem Schreibtisch, den mir eine Gewerkschaftsdelegation für Bischof Kräutler in Südamerika überreicht hat; zum Strahl dieses Geysirs gehören die Bruder-in-Not-Einzahlungen der Pfarreien an die Zentrale genauso wie die Initiative einer Mittelschulklasse für „Öfen nach Bihac" als Hilfe im bosnischen Winter einer zerstörten Stadt; „Licht ins Dunkel" gehört dazu wie „Dach über den Kopf" als Zündung zur Selbsthilfe im Wiederaufbau; da ist ein Künstler, der auf ein Honorar zugunsten behinderter Kinder verzichtet; anderswo arbeiten Frauen, die um diese Jahreszeit auch weiß der Himmel wieviel anderes zu tun hätten, für einen Basar; eine Jugendgruppe organisiert einen Lkw voll Güter für albanische Schulen, die nicht einmal über eine Tafel verfügen; Ärzte bemühen sich um Medikamente für Spitäler, deren Ausstattung nach vier Jahren Krieg jeder Beschreibung spottet; und ein bekannter Chirurg gibt einem fast Erblindeten aus Rumänien das Augenlicht wieder – ohne Honorar ...

Das alles sammelt sich zur Weihnachtsfontäne der Hilfsbereitschaft, zum Geysir der Mitmenschlichkeit. Man kann das nicht nur mit einem skeptischen Blick streifen und geringschätzig als „Kompensation zur eigenen Gewissensberuhigung" abtun, wie manche meinen. Wer das Gute in Welt und Kirche so abqualifiziert, gerät eher selbst in den Verdacht, sein Gewissen beruhigen und sich als Über-Idealisten darstellen zu wollen. Der Geysir in Island ist ein Naturwunder – und eine Reise wert. Der Geysir um Weihnachten ist ein moralisches Wunder – und ein Stück Dankbarkeit wert.

41

*Die Tür zum tiefsten Trost*

Alle diese schönen Seiten der Weihnacht haben einen Anfang. Einmal war da der Stein, der in den Teich der Menschheit gefallen ist und die Wellen ausgelöst hat: die Wellen des Gemüts und der Freude, anderen Freude zu machen, die Wellen des Schönen und des Helfens bis in die verschifften Winkel und die kleinen Uferbuchten.

In einer Obdachlosenweihnacht hat ein bekannter Rezitator eine weihnachtliche Geschichte vorgetragen, und die Menschen saßen (wenigstens an diesem Abend) hinter dem festlichen Tisch mit den brennenden Kerzen. Wahrscheinlich saßen einige menschliche Tragödien bei dieser Weihnacht dabei, Schicksale, die stumm und stumpf machen. Als der Vortragende fertig war und sich zu gehen anschickte, ging ihm einer nach und sagte vor der Tür draußen leise zu ihm: „Jetzt bitte noch das Weihnachtsevangelium!"

Mit dieser Bitte, die natürlich erfüllt wurde, ging jenes Tor auf, zu dem viele den Schlüssel nicht leicht finden, und das doch ins Eigentliche der Weihnacht führt. Und diese tröstliche Botschaft ist der Stein, der in den Teich der Weltgeschichte gefallen ist und die vielen blitzenden Wellenkreise ausgelöst hat. Und wer dem Spiel dieser Wellen nachschaut, kann einigen Frust ertragen, der überall aufkommt, wo es Menschen gibt.

# Echo der Dankbarkeit

Unter den alten Weihnachtsliedern findet man sogenannte „Echolieder". In ihnen sind widerhallende Klänge eingebaut, und manchmal steht in den alten Gesangsbüchern sogar: „Lied, an vier Orten in der Kirche zu singen ...".
Einmal habe ich in einem gotischen Dom ein solches Weihnachtslied gehört, vom Anfang und Ende des Längs- und Querschiffes her, das Echo ist durch die hohen Gewölbe gewandert, und man mußte dabei besinnlich werden, ob man wollte oder nicht.
Die weihnachtliche Zeit wäre an sich die Zeit des leisen Echos; sei es beim Adventsingen, sei es beim Turmblasen oder auch bei den Glocken, deren Klang sich um Mitternacht über die Wälder hinaufschwingt.
Es geht mir um das Echo, aber nicht um das musikalische, das ästhetisch-süße. Ich möchte ein Echo beschwören, das unser Herz braucht. Es geht um eine Haltung, die von ihrem ureigensten Wesen her eigentlich ein Widerhall ist. Ich meine das Echo der Dankbarkeit.

## Die schlechte Akustik

Im Gegensatz zum weihnachtlichen Echolied im hohen Dom findet die Dankbarkeit in unserer Gesellschaft und in unserem Lebensstil eine ungünstige Akustik vor. Dafür sorgt schon das ständig lärmende Angebot einer für tausend Dinge werbenden Welt. Ganze Heere von Fachleuten sind Tag und Nacht damit beschäftigt, als Motoren der Wirtschaft Bilder und Parolen zu verbreiten, die Wünsche wecken und die uns einreden, daß uns etwas fehlt. Von allen Seiten schreit und flüstert es, plump oder raffiniert: „Das mußt du auch noch haben, andere haben es auch, du bist doch nicht von gestern ..." Und die betörendsten Melodien, in allen Tonarten von kreischend bis weihevoll, verheißen uns das große Glück bei jedem Einkaufskatalog, bei jenem Parfum, dieser Automarke und jener Biersorte. In der lärmenden Atmosphäre des großen Marktes dieser Welt wird dafür gesorgt, daß die Wünsche und Bedürfnisse so tanzen, wie andere pfeifen.

Auf diesem Ball des tausendfachen Begehrens bleibt die Dankbarkeit natürlich ein Mauerblümchen, das nicht zum Reigen gebeten wird. Das verhindert einfach die Gesamtatmosphäre der Unruhe und Unzufriedenheit, des Nochnicht-Habens und des ständigen Ausschauhaltens nach dem „Mehr". Die alten Griechen hatten dafür einen eigenen Ausdruck, die „Pleonexie", was man am besten mit

„Sucht nach dem Mehr" übersetzen könnte. Nach dem Gesetz dieses neurotischen Verhältnisses zum Haben muß immer alles steigen: Einkommen, Standard, Aufwand, Luxus, Umsatz, Ausstattung, Raffinement. Dieser Hexensabbat begnügt sich nicht mit einfachen Freuden. Je höher der Wohlstand, um so hektischer werden die Ballette der Pleonexie ...

Aber es ist nicht nur der äußere Stil des modernen Lebens, der es der Dankbarkeit schwermacht. Sie hat es auch von den Hintergründen unserer Seele her sehr oft nicht leicht. In der Dankbarkeit müßte die Seele doch etwas widerspiegeln. Wie kann sie das, wenn der Spiegel zerbrochen ist? Es ist tiefenpsychologisch erwiesen, daß bei einem Menschen, dem ein gesundes Selbstwertgefühl fehlt, Dankbarkeit nicht recht aufkommen kann. Wir wissen, daß es erzieherische Methoden und Verhaltensweisen gibt, die das Selbstwertgefühl eines Menschen kaputtmachen. Da darf man sich dann nicht wundern, wenn keine Dankbarkeit aufblitzt: Der Spiegel der Seele ist beschädigt.

### Die Tugend des nachdenklichen Menschen

Dankbarkeit setzt ein Innehalten voraus. Diese Tugend ist leider schlecht bei Fuß. Sie kommt bei unserem ausgeflippten Lebenstempo nicht mit. Erst wenn wir uns auf

eine Bank setzen und ruhig werden und auf das hektische Dasein einmal so gelassen und distanziert hinunterschauen wie etwa durch das Mittelfenster der Kapelle an der Europabrücke auf den brausenden Verkehr, wenn alles etwas zurücktritt und wir zu einem ruhigeren Rhythmus unseres Herzens kommen, dann kann es sein, daß auf einmal die Dankbarkeit neben uns auf der Bank sitzt wie eine stille, vornehme Frau mit einer großen, verwandelnden Ausstrahlung. Denn für den nachdenklichen Menschen zeigen Dinge, Ereignisse, Begegnungen und Erinnerungen plötzlich eine neue, bislang vergessene Seite. Es ist fast so ähnlich, wie wenn über eine Landschaft ein zauberhafter Lichteinfall kommt, weil die Sonne durchbricht.

### Dasein als Geschenk

Wenn nach dem Fest die Müllabfuhr ganze Berge von Geschenkpapieren, Maschen, Gold- und Silberbändern, Schleifen und Billetts auf die Deponien führt, ist das eigentlich Anlaß zu einer gewissen Betroffenheit. Wie bei den Weihnachtsgeschenken demontieren wir sehr oft bei vielem in unserem Leben den Dekor des Geschenks. Bücher, Bilder, Spielzeug, Krawatten und Fotoapparate registrieren wir wie auch Gesundheit, Arbeitsplatz, Beruf, glückliche Partnerschaft, fröhliche Kinder, Konzertklänge und entspannendes Hobby als Selbstverständlichkeiten und entfernen die Masche des Geschenks aus dem Bewußtsein. Aber auf der Bank der Nachdenklichkeit wird es anders. Da ergreift auf einmal die Dankbarkeit still unsere Hand. Übrigens – genaugenommen wären Feiertage und Sonntage eigentlich einladende Bänke der Nachdenklichkeit, die uns der himmlische Verschönerungsverein in regelmäßigen Abständen an den Wanderweg des Lebens stellt ...

### Das große Echolied

Die Dankbarkeit hat immer das Bedürfnis, uns einem Du vorzustellen. Man kann nämlich nur einem Du danken. Ich kann doch beim besten Willen nicht zu einer Abstraktion „danke" sagen – zur Natur oder Materie, zu einem Zufall oder einem Irgendwas. Und deshalb hat die Dankbarkeit vom Prinzip her eine Neigung zur Frömmigkeit. Sie mündet wie von selbst in die Religiosität, in das Gebet. Und übrigens in eine sehr tiefe und edle Form von Religiosität.

Das erste Weihnachtslied, das aus Menschenmund erklang, war ein Echolied der Dankbarkeit. Das Lied eines alten Mannes, der das göttliche Kind in seinen Armen hielt, und aus dessen Herz ein wunderbarer Gesang strömte, den wir wahrscheinlich nur deshalb nicht als Weihnachtslied registrieren, weil ihn die Kirche seit tausend Jahren jeden Tag als Abendgebet verwendet. Es ist der Gesang des greisen Simeon: „Nun läßt du, Herr, deinen Knecht in Frieden scheiden. Denn meine Augen haben das Heil gesehen, das du vor allen Völkern bereitet hast ..." (Lk 2,29f).

Ich möchte Ihnen von Herzen wünschen, daß bei Ihnen auf der Ruhebank der Feiertage auch diese Melodie der Dankbarkeit aufsteigt, mit dem Blick auf dieses Kind von Bethlehem und auf vieles in Ihrem ganzen Leben ...

# Der Duft der Weihnacht

„Mutti, Weihnachten kann man riechen", sagte das kleine Mädchen. An diesem Kinderwort, das ich einmal gehört habe, ist etwas Wahres dran. Kindernasen sind etwas feinfühliger als unsere abgestumpften, zivilisationsgeschädigten Erwachsenenriechorgane, aber wir alle werden uns erinnern, daß bestimmte Düfte, die durchs Haus gezogen sind, einen ausgesprochen festlichen und aufregenden Charakter hatten. Ein paar brennende Kerzen, einige Tannenzweige im Ofen, der Geruch von frischgebackenen Keksen – das alles ergab ein Bouquet, das die teuersten französischen Parfums ausgestochen hat.

### Der faszinierende Duft

Weihnachten kann man riechen. Beim Gang durch Innsbrucks Altstadt, wo jedes Jahr der Christkindlmarkt seine Buden aufgeschlagen hat, muß ich nur ein paar Augenblicke die Augen zumachen, dann fällt mir die weltberühmte blinde Amerikanerin Helen Keller ein, die vor einem Menschenalter geschrieben hat, die Gerüche unter den Lauben der Innsbrucker Altstadt hätten sie so fasziniert, daß sie sie in ihrer unvergeßlichen Einmaligkeit immer wiedererkennen würde ...

Weihnachten kann man riechen. In der Heiligen Schrift und den uralten Riten der Kirche kommt auch der Duft zu seinem Recht, Weihnachten hat diesen Duft besonders populär gemacht. Um Weihnachten streicht er nicht nur um die Altäre, da wagt er sich auch in die Häuser und Wohnungen, und zwar nicht nur auf Berghöfen, wo man seit jeher alte Bräuche pflegt und in den drei Heiligen Nächten – am Heiligen Abend, um Silvester und vor Dreikönig – die Glut schwenkt, sondern auch in jungen Familien und im städtischen Milieu, wo man im Zuge einer neuen Familienkultur zur Freude der Kinder das kleine Räucherwerkzeug verwendet. Schließlich tun's auch ein paar Weihrauchkörner auf einer heißen Platte, um die Feststellung des kleinen Mädchens wahr zu machen: Weihnachten kann man riechen. Wenn wir über solche Scherze vielleicht achselzuckend hinweggehen, müssen wir doch anerkennen, daß Kinder ein Gespür für urtümliche Symbole haben, auch für solche, die durch die Nase ziehen.

### Ein bedenklicher Duft?

Natürlich gibt es gegenüber Weihrauch auch Vorbehalte; nicht nur der, daß ihn nicht jeder verträgt. Bei manchen löst Weihrauch eher negative Assoziationen aus, für die der Weihrauch nichts dafürkann. So mancher wittert hinter dem süßlichen Duft vielleicht sogar den Ausdruck einer Religiosität, mit der er nicht viel anfangen kann, möglicherweise sogar im Sinne des Ausspruchs: Religion sei „Opium für das Volk", – wenn man es ideologisch formulieren will. Oder man empfindet die betäubenden Weihrauchschwaden als Symbol für ein übertriebenes Würdegehaben. Da ist was dran.

Mein höchst origineller, aber grundvernünftiger Pfarrer Dominikus Dietrich von Wilten hat mich nach der Primiz ein wenig beiseite genommen, um mir eine Lebensregel zuzuflüstern: „Reinhold, einen guten Rat will ich dir geben – mach beim Weihrauch keinen Brustzug, das verdirbt den Charakter!" – Er hat diesen Weihrauchvorbehalt ganz richtig gespürt, weil er ein Kirchenmann mit großer Erfahrung war, und ich muß offen zugeben, daß in den höheren Etagen der Kirche manchmal zu viel inhaliert wurde ...

### Der heilige Duft

Dem Weihrauch geschieht mit Mißbräuchen dieser Art großes Unrecht. Als der Weihrauch mit den Gaben der Drei Weisen aus dem heutigen Irak nach Bethlehem zur

Krippe kam, hatte er bereits einen weiten Weg durch die heiligen Räume der Menschheit hinter sich, durch die uralten Kulturen des Orients. Er hatte ägyptische Tempel und Grabkammern erfüllt und war von babylonischen Stufentürmen zum Himmel gestiegen, wurde im heiligen Zelt Israels gestreut, und er hat das Allerheiligste des Tempels von Jerusalem durchströmt.

Das kostbare Harz, das auf den Karawanenwegen durch die Wüsten und Steppen Asiens herbeigeschafft wurde, war schon immer der stumme Gruß der Ehrfurcht, der aus der kleinen Welt des Menschen aufsteigt und sich in den Bereichen des Unsagbaren, der Transzendenz verflüchtigt. Die Drei Weisen, die aus dem Heidentum kamen, haben ihn mitgebracht als jenes Symbol göttlicher Verehrung, das ihnen zur Verfügung stand. Eigentlich möchte man meinen, sie hätten ihn damit im Raum des Christlichen salonfähig gemacht. Aber ganz so einfach war es nicht. Auch vor zweitausend Jahren gab es Vorbehalte gegen den Weihrauch. Die Christen hatten erlebt, daß er vor größenwahnsinnig gewordenen römischen Kaisern gestreut wurde, als ärgerniserregendes Zeichen der divinisierten irdischen Macht. Darum kam der Weihrauch mit einiger Verspätung in den christlichen Gottesdienst. Es war ein langer Weg bis zum Ministranten, der heute stolz das Rauchfaß schwingt!

## Zeichen der Anbetung

Doch der tiefste Sinn des Weihrauchs liegt darin: Er steigt als Symbol der Ergriffenheit vor dem Ewigen empor. Seine Wolken wandern den Weg des Herzens, das vor Gott erschauert. Er ist das Rauchsignal der Anbetung.

Darum ist es sicher richtig, wenn der Duft an diesem Abend aus dem Bereich des Sakralen ausbricht und in die Räume des Alltags wandert, in denen die Anbetung selten ein Gastrecht hat; ohne sie ist das Menschsein ein Torso. Diese kleinen Körner auf den Herdplatten und Kaminschaufeln, auf der Holzkohlenglut in den silbernen Rauchfässern der Ministranten und Sternsinger haben also eine hintergründig-mahnende Bestimmung. Sie möchten eine Atmosphäre des großen Verneigens verbreiten. Und da seinerzeit die Drei Weisen diese Geste vor den neugeborenen König der Welt aus den Traditionen der damaligen Weltreligionen gebracht haben, wäre das eigentlich ein Zeichen dafür, daß jeder zu dieser Verneigung vor dem Ewigen eingeladen ist, ganz gleich, woher er kommt. Weihrauch ist das uralte Symbol einer vom Unsagbaren ergriffenen Welt.

Wenn das am Heiligen Abend in unsere Herzen eindränge, bekäme eigentlich das Wort des kleinen Mädchens eine geradezu abgrundtiefe theologische Dimension: „Mutti, Weihnachten kann man riechen ...“

# Das Fest der Geschenke

In den letzten Tagen vor Weihnachten beginnt das große Verpacken. Unzählige Dinge bekommen über ihr Alltagsaussehen ein Festgewand übergeworfen und sollen dem Empfänger zurufen: „Ich bin da, ich bin für dich da, ich bin ein Geschenk!"

Wir verwenden übrigens für „Geschenk" ja auch das lateinische Wort „Präsent", das ursprünglich eben diesen Ruf zum Ausdruck bringt: ein Ding, das da ist, das ins Auge fällt, das sich anbietet.

## *Ein schöner Brauch*

Eine ganze Industrie ist aufgeboten, den vielfältigen Zauber der Umhüllungen herzustellen, der Schachteln, Papiere, Schleifen, Maschen, Kärtchen, Sterne und weihnachtlichen Accessoires. Es gibt diese festlichen Roben der Dinge in allen Formen und Preislagen, vom pompösen Aufwand über echte Eleganz bis zum rührenden, offensichtlich zweitverwendeten Buntpapier mit dem leicht „verwuzelten" Goldband, mit dem mir ein behindertes Kind seine Zeichnung als Geschenk verehrt.

Der kritische und selbstkritische Mensch wird zwar darauf hinweisen, daß diese ganze Woge aus Silber, Gold und Tannenzweigen nicht immer nur aus der herzlichen Absicht geboren sein muß, anderen eine Freude zu machen, daß manchmal auch Geschäftstüchtigkeit, Prestigedenken und der Versuch, sich von wesentlicheren Verpflichtungen loszukaufen, die schönen Schleifen flicht – aber es ist doch ein schöner Brauch, das Schenken rund um die Weihnacht, ein Stück Kultur des Zueinander und Füreinander, eine freundliche Geste in der grauen Straße des Alltags. Die Menschheit hat ja schon weniger schöne Bräuche entwickelt.

Der nüchtern Denkende wird vielleicht die Stirn runzeln, wenn er bedenkt, wie rasch die Herrlichkeit vorbei ist. Der ganze Aufwand konzentriert sich nur auf einen Augenblick der Spannung, der Überraschung und Freude. Die festliche Hülle will möglichst rasch entfernt werden. Manchmal tut es uns fast leid, das Kunstwerk der Verpackung zu zerstören, und wir kommen uns wie Barbaren vor, wenn wir zur Schere greifen. Am Weihnachtsmorgen künden dann die von der Bescherung übriggebliebenen angerissenen Papiere und Schnüre die Vergänglichkeit menschlichen Feierns, und schließlich wandert alles in die Öfen und Mülltonnen.

## Geschenkerlebnis des Daseins

Aber es scheint mir der Mühe wert, vor diesem flüchtigen Strom der Gaben und Geschenke innezuhalten, der in diesen Tagen durch unsere Welt wogt. Leuchtet in ihm nicht für einen kurzen Augenblick eine tiefere Wahrheit auf, eine Seite des Lebens, die uns im Alltag meistens nicht bewußt wird? Sind wir nicht in Wahrheit in vieler Hinsicht von Geschenken umströmt, auch wenn die Dinge und Ereignisse ohne Masche, Silberband und Zweig auftreten? Eine längere Zeit des Wohlstands stört sehr leicht unser Verhältnis zu den Sachen, den Menschen und den Widerfahrnissen des Lebens. Wir gewöhnen uns daran, zu wünschen, zu fordern, zu bekommen, zu haben, zu gebrauchen und wegzuwerfen. Und alles wird zur Selbstverständlichkeit.
Bei Licht betrachtet ist aber fast nichts selbstverständlich. Auf unserem Weg durch die Zeit treffen Stunde für Stunde Geschenke bei uns ein, aber wir widmen ihnen kaum eine Aufmerksamkeit.
Nur hie und da gibt es Augenblicke, in denen die goldenen Maschen an den Dingen aufblitzen.
Wenn man nach einem Besuchstag in der Klinik durch die Glastür ins Freie tritt und die ganze beklemmende Atmosphäre von Schmerz und Hoffnung, menschlicher Tragik, sich aufbäumendem Lebenswillen und stiller Geduld hin-

ter sich weiß, und die frische Luft einatmet – dann kann es sein, daß für einige Augenblicke die eigene Gesundheit die Schleife des großen Geschenks trägt.

Wer einen Morgen über dem Nebelmeer oder eine Gletscherwanderung in der Mondnacht erlebt, oder wer sich in einer ruhigen Stunde über das Wunder einer Blüte beugt oder mit einem herbstlichen Blatt spielt, der mag auch erfahren, was man Geschenkerlebnis des Daseins nennt.

Der Künstler wird den schöpferischen Einfall, die treffende Wortwendung, das dichterische Bild, den gelungenen Zusammenklang der Farben, die geniale Lösung einer Raum- oder Baugestaltung wohl als einen Blitz empfinden, der da einschlägt und den man ersehnt hat und um den man bemüht war, und der doch nicht einfach machbar und manipulierbar ist. Jede Psychologie des Schöpferischen stößt irgendwann auf dieses Geheimnis.

Und wer von uns wäre so vermessen, Harmonie mit dem Partner, familiäres Glück oder erzieherisches Gelingen als selbstverständliche, eben dem eigenen Format entsprechende Leistung einzustufen? Wer nur ein wenig darüber nachdenkt, weiß, daß dies alles eigentlich immer die Schleife des Geschenks trägt. Er mag es nun Glück oder gütiges Schicksal, Gnade oder Segen nennen, es kommt jedenfalls auf eines hinaus: Es liegt auf dem Gabentisch des Lebens und steckt nicht in den Regalen des Supermarktes, im Münzautomaten oder in den Polizzen einer Versicherung.

Vielleicht ist uns auch das Leben selbst einmal im Licht des Geschenks erschienen? Vielleicht gleich nach den Schrecksekunden, in denen die Bremsen gequietscht haben und irgendein Steuer gerade noch rechtzeitig vor der Katastrophe herumgerissen wurde? Haben wir da nicht einen Augenblick lang das Leben mit zitternden Händen wie ein kostbares Juwel im geöffneten Etui neu empfangen?

Zweifellos sind die Geschenkerlebnisse des Daseins dünner gesät, wenn es uns allzu gut geht. Hier haben die sogenannten guten Zeiten ihre gefährlichste Falle. Wer seine Gedanken zu Not und Entbehrung und drückender Bedrängnis zurückwandern lassen kann, tut sich unter Umständen leichter, an höchst gewöhnlichen Dingen Tannenzweig und silberne Masche zu entdecken: am Brot, das auf den Tisch kommt, am wunderbaren Quellwasser, das bei uns sogar in der Großstadt aus jedem Brunnenhahn fließt, am Satteinkönnen und am Schlafendürfen. Aber entscheidend wird wohl eine geistige Grundeinstellung sein, die auch Menschen aller Altersstufen in unserer Zeit an den Tag legen können. Wer Ja zum einfachen Leben sagt, gewinnt ein scharfes Auge für Geschenke. Franz von Assisi sieht im Sonnengesang die ganze Welt als Geschenk.

## Danken können

Im Geschenkerlebnis des Daseins stoßen wir auf eine tiefe Quelle des Religiösen. Wenn wir auch Sigmund Freud viele Erkenntnisse über die Tiefen der menschlichen Seele verdanken – in diesem Punkte besteht bei ihm eine Lücke: Es ist nicht so, daß nur die negativen Grenzerlebnisse, Tod, Not, Frustration, Mangel, Hilflosigkeit und Scheitern als Motive religiöser Gedanken erfahren werden können. Religion hat zwar oft den Charakter des Aufschreis zu Gott, aber es gibt auch den Aufstieg zum Ewigen aus der Erfahrung des Geschenks. Wer das Dasein als Geschenk erlebt, hat das Bedürfnis zu danken. Sooft ich eine Spende von „Ungenannt" bekomme, verweilen die Gedanken bei diesem Menschen. Ich möchte ihm die Hand drücken. Geschenk drängt zum Dank, und Dank drängt zum Du. Die Dankbarkeit sucht sich kein „Es" als Adresse. Was soll schon ein Dank an ein Chaos oder einen Kosmos, ein Schicksal oder ein Universum, ein Naturgesetz oder gar an den Zufall? Ein Weiser hat dies einmal so ausgesprochen: Es sei die größte Traurigkeit des Atheisten, daß er nicht wisse, wem er danken solle ...
Die Weise weihnachtlichen Schenkens, wie sie nun einmal zu unserem Jahresablauf gehört, ist der Besinnung wert. Die bescheidenste weihnachtliche Gabe, die im Festgewand zu uns kommt, könnte uns daran erinnern,

daß wir in tausendfacher Weise Beschenkte sind. Und vielleicht könnte uns das helfen, zu einer Art existentieller Dankbarkeit zu kommen, einer Haltung, die der Mensch in einer Epoche von Wissenschaft, Fortschritt, Weltergreifung, Weltgestaltung und Wohlstand eher zu vergessen geneigt ist.

Aber hinter dem weihnachtlichen Schenken und Beschenktwerden tut sich ja eine noch abgründigere Tiefe auf. Wer durch diese schönen Formen des Festes zu seiner eigentlichen Tiefe im Glauben vorzudringen vermag, zur Kunde von der Menschwerdung Gottes, der weiß, daß das ganze Universum vom Geheimnis des sich verschenkenden Gottes durchwaltet wird. Aber damit sind wir an den Grenzen dessen, was wir erahnen können.

Wenn wir also am Heiligen Abend an den Paketen nesteln, um die schöne Verpackung zu lösen und zu dem vorzudringen, was sie verbergen, dann sollte uns mehr aufgehen als ein paar Maschen, Knoten oder Schleifen, und wir sollten mehr finden als die eine oder andere Überraschung. Wir sollten etwas von dem Geheimnis erfahren, das unser Dasein umfängt.

# Staunen vor dem Licht

Es ist ein immer wieder faszinierendes Fotomotiv: die Augen eines Kindes, das in den Christbaum schaut. Natürlich ist heute nicht zu verhindern, daß auch die schönsten Bilder zum „Bildmaterial" werden, das für alles Mögliche herhalten muß und somit Teil der großen Bilderschwemme wird, die uns überflutet – aber es bleibt dabei: Ein Kind, das ins Licht schaut, ist ein Phänomen des Daseins, zu dem man wirklich mit Goethes Faust sagen möchte: „Augenblick, verweile doch, du bist so schön ..." Dabei geht es mir eigentlich nicht um sentimentale Erinnerungen und das Beschwören einer „seligen Kinderzeit". Nein, ich glaube, daß uns aus den Kinderaugen, die das Licht trinken, eine Frage anspringt, eine Frage an unsere Augen, an unsere Art, zu schauen und der Wirklichkeit zu begegnen.

### Können wir noch staunen?

Wie sind unsere Blicke? Spielen sie nicht hundert Spiele? Sie sind wissend, vielerfahren, versiert, reserviert, abschätzend, prüfend, kritisch, unruhig, zerfahren, nervös, zurückhaltend, ängstlich, empört, vorwurfsvoll, gehetzt, angewidert, glanzlos, kühl, gleichgültig, blasiert, resignierend, müde ... Sind diese unsere Augen in all den Weisen und Nuancen, die sie spiegeln, nicht etwas zu erwachsen geworden? Zu erwachsen in der Flut der Bilder, die an ihnen im Lauf der Jahre vorbeigezogen sind, und die keine Zeit für Träume ließen? Zu erwachsen im dauernden Einschätzen und Abschätzen von Gesichtern und Dingen, Nachrichten und Signalen, Alltäglichkeiten und Sensationen? Zu erwachsen in den Desillusionen und Enttäuschungen, die das Leben gebracht hat, und die manchmal Glaskörpertrübungen hinterlassen haben, die nicht leicht zu heilen sind? Läßt diese Welt von heute Menschenaugen nicht vorzeitig altern? Entnehmen wir dem Blick des Kindes in die Lichter nicht eine leise Warnung: Habt ihr nicht etwas verloren, ihr Großen? Was ist mit euren Augen? Könnt ihr noch staunen?

Das Staunenkönnen ist ein fundamentales Vermögen des Menschen. Kein Geringerer als Platon hat gesagt, daß das Staunen das Grunderlebnis aller Philosophie sei. Und mit diesem Wort „Philosophie" meinte er keineswegs ein weltfern-fachmännisches Spiel mit schwierigen Begriffen und komplizierten Gedanken, sondern eher jenes wunderbare Auf-die-Reise-Gehn der Seele, das Hinter-die-Dinge-Schauen und Sinn-Aufspüren, das wir alle brauchen, damit wir Menschen bleiben und keine willenlosen, außengesteuerten Nummern in der Masse werden.

Im Phänomen des Staunens gleitet ein Vorhang zur Seite, öffnet sich ein Fenster. Staunend stoßen wir auf Neues, das uns gefangennimmt. Im Staunen treten wir aus der Enge des Alltäglichen, unterbrechen wir den Trott des Gleichgültigen, beflügeln wir den Schritt des Geistes. Eigentlich ist ein einfacher Mensch, der noch staunen kann, einem Hochgebildeten, der diese Kunst verlernt hat, weit voraus. Nur dem Staunenden können sich neue Reichtümer erschließen, nur ihm öffnen sich die Schatztruhen des Lebens. Wenn wir diese Gedanken beim Blick auf das staunende Kind vor dem Lichterbaum kreisen lassen, steigt ein uraltes Wort aus zweitausendjähriger Ferne wieder herauf, ein Wort, das so oft im Sinne einer falschen Infantilisierung des Menschen verstanden wurde, und das doch in tiefgründiger Weise immer aktuell bleibt: „Wenn ihr nicht werdet wie die Kinder ...“

## Der Staunende läßt sich beschenken

Staunenkönnen ist ein Ausweis von Menschlichkeit, denn im Staunen streift der Mensch den Hochmut ab. Er läßt sich ja überwältigen, von etwas Größerem in Beschlag nehmen. Der Staunende läßt sich beschenken. Darin liegt eine gewisse Bescheidenheit und Demut. Und da nun einmal der Stolz, das hochgespielte Ego, die größte Barriere

zur menschlichen Reife darstellt, macht das Staunenkönnen den Menschen so liebenswert.

Staunende Augen werden ruhig und weit, Nietzsche hat vor einem Jahrhundert das prophetische Wort gesprochen: „Die letzten Menschen werden nur noch blinzeln." Wir sind doch tatsächlich Blinzler geworden, unsere Augen sind überfordert von tausend Eindrücken, huschenden Bildern, zusammenhanglosen Informationen, die unsere Erlebniswelt so belasten, daß wir uns es nicht mehr leisten können, bei einem Eindruck sinnend und ergriffen zu verweilen und ein kleines Stück Welt als Wunder zu erleben. Wir sind sozusagen auf Banalitäten im Vordergrund fixiert – wie die Zuschauer im Wimbledonstadion, die stundenlang den kleinen Tennisball verfolgen, hin und her, und her und hin ... (Der Vergleich ist natürlich nur als Symbol gedacht und will das Interesse an der eleganten Sportart keineswegs diffamieren.) Aber die Einengung und Horizontalisierung des Blickes ist für uns typisch geworden. Viktor Frankl hat sie den Reduktionismus genannt, die Verkümmerung und Beschränkung des Geistes auf vordergründige Aspekte – und diese Erscheinung hat doch etwas mit dem vielgenannten Sinnverlust zu tun. Das Staunen aber weitet den Blick. Der Staunende bricht zu neuen Ufern auf. Sein Leben wird reicher und tiefer. Und sein Auge wird jünger, auch wenn es hundert Falten um die Lider hat.

Vielleicht sollten wir uns einmal dankbar an das viele erinnern, das uns geplagten Menschen hie und da zum Staunen verhilft. Es könnten die Wunder der Natur sein, die heute das Fernsehen so eindrucksvoll in jeden Haushalt spielt – sei es der Flug einer Möwe oder das Leben der Tiefsee. Aber man muß ja gar nicht so weit gehen. Die Leistungen des grünen Blattes am Blumenstock neben meinem Schreibtisch hat noch kein Chemiekonzern der Welt eingeholt.

Es kann auch die Gestaltungskraft eines Künstlers sein, die uns das Staunen lehrt. Eben hat mein Plattenspieler mit einem leisen Klick eine Klaviersonate von Schubert beendet, die letzte, die er vor seiner Tod geschrieben hat, und es ist unfaßbar, was hier an Schwermut und Trost ineinanderströmt ...

Auch die stille Güte eines Menschen kann staunenswert sein, die Art, wie eine Schwester im Pflegeheim die Kranken betreut, die Weise, wie eine junge Lehrerin Schwerstbehinderte unterrichtet, die Unverdrossenheit, mit der ein Sozialhelfer im Milieu der Gescheiterten wirkt.

### *Beginn des Heils*

Es gibt viel Staunenswertes, das an uns vorüberzieht. Vielleicht bräuchten wir eine Lebenshaltung, die nicht nur

Leistung, Aktivität und Zerstreuung kennt, sondern auch immer wieder zu einem Innehalten findet, das gar keine großen Anlässe nötig hat, aber doch das Verweilen erlaubt und das Sich-Wundern in der Seele aufsteigen läßt. Dann kann – wie es ein Schriftsteller unserer Tage gesagt hat – jeder Falter, der über Blüten taumelt, jede Eisblume an der Scheibe zum Fenster werden, das Einblick in die Tiefen des Seins gewährt.

Man müßte eigentlich auch über das Staunen eines Kindes staunen. Ein großer Schweizer Heilpädagoge hält viel vom Staunen. Er deutet an, daß nur der ein Kind zu erziehen vermag, der über ein Kind auch staunen kann. Und er ist der Meinung, daß in der Entfaltung des Herzens und des Geistes das Staunen vor der Frage liegt und die Ergriffenheit vor dem Zweifel.

Die Weisen des Altertums haben das Staunen an den Beginn der Philosophie gesetzt. Sören Kierkegaard, der Denker aus Dänemark, ging noch etwas weiter. Er setzte das Staunen an den Beginn des Heils. Und wenn man die Heilige Schrift aufschlägt und etwa das kosmische Staunen des Psalmisten liest, muß man ihm recht geben:

„Seh ich den Himmel, das Werk deiner Finger,
Mond und Sterne, die du befestigt:
Was ist der Mensch, daß du an ihn denkst,
des Menschen Kind, daß du dich seiner annimmst?"

70

Und auch die Weihnachtsbotschaft des Lukas berichtet vom großen Staunen am Beginn aller Dinge:
„Alle, die es hörten, staunten über die Worte der Hirten." (Lk 2,18) und: „Sein Vater und seine Mutter staunten über die Worte, die über Jesus gesagt wurden." (Lk 2,33)
Damit schließt sich der kleine, weihnachtliche Kreis der Gedanken über das Staunen.

# Frieden aus der Tiefe

Um Weihnachten vom Frieden zu reden, ist gar nicht so leicht. Gewiß, auf den Fluren von Bethlehem ist das große Stichwort gefallen, der wunderbare Gesang der Botschaft von der Ehre Gottes in der Höhe und dem Frieden für die Menschen auf Erden; daher liegt man mit dem Thema grundsätzlich richtig.

Aber nun zieht eben Jahr für Jahr diese sanfte Woge vom Frieden über die Welt, sie tränkt alle Botschaften und Predigten, schwappt über alle Rednerpulte und Glückwunschbillette, schwingt durch alle Frequenzen des Radios, ist in allen Fernsehstationen zu Gast. Die Friedenswoge geht über verbrannte bosnische Dörfer und Massengräber in Ruanda hinweg – offenkundig, ohne verändernde Spuren zu hinterlassen –, sie plätschert in unverbindlicher, seichter Weise an alle Ufer der Gesellschaft, verebbt unter Gläserklirren und Trinksprüchen, und bis das schöne Wort vom Frieden hier in meinem kleinen Artikel landet, ist es müde, blaß, verbraucht und manchmal mißbraucht, und damit unansehnlich geworden. Nein, es ist gar nicht so leicht, um Weihnachten vom Frieden zu reden. Die weltpolitische Begleitmusik ist immer wieder von krassen Mißtönen gekennzeichnet, und so hängt an diesem Wort eine Art Dauerfrustration. Und man kommt leicht in den Verdacht, mit dem geläufigen Hinweis auf den Frieden eine weihnachtliche Pflichtübung zu absolvieren, sozusagen als geistlicher Adabei im großen Friedenspalaver ... Wie soll man bloß wieder eine Ahnung von dem großen Schalom wecken, dem Frieden, der sich da – um in der ergreifenden Sprache des Alten Orients zu bleiben – „vom Himmel schwang, als die Nacht in der Mitte hielt ihre Bahn"?

Das Wort „Friede" hat viele Facetten wie ein Kristall, und jede hat ihre Bedeutung.


## Politischer Frieden

Verständlicherweise denkt man zunächst an den politischen Frieden. Sein Gegensatz ist der Krieg, und das einzige, was man von diesem als alter Veteran den Generationen weitergeben möchte, die ihn Gott sei Dank nicht erlebt haben, ist das eine, daß er furchtbar ist. Für einen alten Soldaten kann's nichts Schöneres geben als verrostete Kanonen, verschrottete Raketen und eingemottete Kriegsschiffe. Aber ich weiß, daß die Erhaltung des Friedens alles andere als einfach ist. Und darum bin ich allen dankbar, die sich in der Weltpolitik redlich darum mühen. Man kann ja Konflikte nicht so einfach abschaffen, es geht ja immer (nur) um ein zähes Vermindern von Gewalt, Not, Unfreiheit, lügnerischer Propaganda, Angst, Schuld (sonst hat die Vergeltung kein Ende), Unrecht und unkontrollierter Macht und all den vielen Faktoren, die immer wieder Spannungen bis zur Gluthitze und zur Explosion anheizen. Wahrung und Erlangung von Frieden ist ein Monsterprogramm, und ich danke Gott, daß unsere Heimat Politiker hat, die dieses schwierige Geschäft mit redlichem Engagement in der Welt betreiben.

## Sozialer Frieden

Dann geht es um den sozialen Frieden. Ein ausländischer Journalist hat einmal geschrieben, wir seien in Österreich darin fast in Weltmeisterverdacht. Tatsächlich zählt man bei uns pro Jahr meist nur Streiksekunden. Und alles Jammern über unbefriedigende Kompromisse kann das Staunen über das höchst befriedigende Endergebnis in diesem halben Jahrhundert österreichischer Sozialgeschichte nicht verdunkeln. Aber ich weiß nicht, ob wir bei dieser Olympiade des sozialen Friedens auch in Zukunft auf dem Stockerl stehen werden, wenn man darangeht, denen, die sowieso an der Grenze gelebt haben (wie z. B. den kinderreichen Familien), die Tore im Einkommensslalom so eng zu stecken, daß keiner mehr durchkommt. Darum

75

gehört auch der soziale Friede in unserer Heimat zu den Anliegen, die auf dem Wunschzettel des Heiligen Abends und im Gedenken der Mitternachtsmette stehen – und zwar mit dem Vermerk „dringend" –, und dem Ansuchen um eine himmlische Sonderdosis von Einsicht und Weitblick für alle Verantwortlichen, die es ja zugegebenermaßen nicht leicht haben, weil der Slalom wirklich neu gesteckt werden muß.

## Utopischer Frieden

Immer wieder taucht in den Friedensträumen der Menschheit der utopische Frieden auf. Die Heilige Schrift scheint ihn auch zu kennen, wenn z. B. der Prophet Jesaja in den Lesungen des Advents schreibt:
„Dann wohnt der Wolf beim Lamm, der Panther liegt beim Böcklein. Kalb und Löwe weiden zusammen ... Der Säugling spielt vor dem Schlupfloch der Natter ..." (Jes 11,6f)
Aber diese Bilder verraten ja, daß er damit nicht von diesem Äon spricht, in dem wir leben, sondern von jener Vollendung aller Dinge, in der das Böse endgültig besiegt sein wird. Die Friedensutopie, auf unsere reale Welt von heute angewandt, ist sicher eine liebenswerte Träumerei, aber sie kann auch gefährlich und kontraproduktiv werden. Die absolute Gewaltlosigkeit, die uns als Christen in

Fragen des Gottesreiches auferlegt ist (Petrus hat diesbezüglich bei seiner Fechteinlage am Ölberg eine eindeutige Weisung erhalten), kann keine Allgemeinregel gegenüber dem Gemeinwohl sein. Und so kann ich dieses Rezept der Gewaltlosigkeit weder dem nächsten Polizeirevier noch einer verantwortungsbewußten Völkergemeinschaft weitergeben, die nun einmal wehrlose Menschen gegen Gewalttätige schützen muß. Aber wenn auch durch Friedensbewegungen manchmal ein Hauch von Utopie weht, so haben sie doch eine große Aufgabe, die unsere Dankbarkeit verdient.

## Gesinnungsfrieden

Es muß auch und vor allem den Gesinnungsfrieden geben. Und die sich um ihn bemühen, leisten Wurzelarbeit. Es geht dabei um das Aufspüren und Sich-Auseinandersetzen mit den verborgenen Aggressionen, die in uns lauern und immer wieder ins Kraut schießen, um den Umgang mit Vorurteilen und Fremdenängsten, um den Abbau von Haßobjekten und Sündenbockmodellen und die Entlarvung der billigen Schlagworte, mit denen wir Freund und Feind einteilen. Es geht auch darum, gegenüber allen, die mit der Züchtung von Aggressionen in Video-, Kinderspielzeug- und Fernsehproduktionen das große Geld machen, eine heilige Geschäftsstörung zu betreiben, indem man alle gesetzlichen Mittel gegen diese Brutaldrogenköche in Anwendung bringt. Sie liefern vor allem dem labilen Menschen ja immer wieder die Modelle des Handelns. Die Arbeit um Friedensgesinnung ist nicht utopisch, aber mühevoll. Natürlich kann und soll man die menschliche Aggression nicht ausrotten, aber man müßte versuchen, sie klein zu halten, so ähnlich wie die Bonsai-Bäume, bei denen es der Gartenkunst gelingt, hohe Gewächse auf Zimmerpflanzenformat zu züchten. Allen, die in der Gesellschaft um diese Gesinnung bemüht sind, sei gesagt, daß das Evangelium diese Arbeit hoch dekoriert: Sie rangiert bei den Seligpreisungen: „Selig die Frieden stiften, denn sie werden Söhne Gottes genannt werden ...“

## Frieden aus der Tiefe

Und nun bleibt noch der Frieden aus der Tiefe. Und dafür möchte ich zunächst einen Mann zitieren, der weder ein Christ noch ein Prophet des Alten Bundes war, auf den aber offenkundig doch das Licht der Heiligen Nacht fällt, auch wenn er noch nicht vor der Krippe kniet. Es handelt sich um einen Oglala-Sioux-Indianer namens „Schwarzer Hirsch“, der 1863 geboren wurde und das folgende wunderbare Wort über den Frieden aus der Tiefe hinterlassen hat:

„Der erste Friede, der wichtigste, ist jener, der in die Seelen der Menschen einzieht, wenn sie ihre Verwandtschaft,
ihr Einssein mit dem Weltall und allen seinen Mächten
gewahren und innewerden, daß Wakan Taka, der große
Geist, im Mittelpunkt des Weltalls wohnt und diese Mitte
tatsächlich überall ist. Sie ist in jedem von uns. Dies ist der
wirkliche Friede, und die anderen sind lediglich Spiege-
lungen von ihm ..."

Das rückt ganz nahe an den großen Schalom von Bethlehem. Dort bei den Hirten auf dem Felde treffen wir auf
einen Frieden, der nicht nur ein Ausdruck unseres mühsa-
men Sehnens ist, sondern aus der unfaßbaren Barmherzigkeit Gottes entspringt und alles Begreifen übersteigt.
Dieser Friede aus der Tiefe macht den politischen, den
sozialen, den Gesinnungsfrieden und alle anderen Formen des Friedenswillens keineswegs unnütz, sondern er
gibt allem die unendliche Dimension. Das ist der Friede,
der die tiefste Schicht des Herzens trifft, und vor diesem
Frieden müssen sich einmal sogar die Apokalyptischen
Reiter des Schreckens beugen.

Denn der Herr selbst ist der Schalom der Heiligen Nacht.

# Der verkürzte Gesang der Engel

Das erste Weihnachtslied, das je gesungen wurde, war gleichzeitig auch das kürzeste: „Ehre sei Gott in der Höhe – und Friede den Menschen auf Erden ..." Dies war der Text der Engel auf den Fluren von Bethlehem. Er ist uns bekannt und vertraut von Kindesbeinen an. Wir beten ihn an den meisten Sonn- und Feiertagen in der Messe. Und trotzdem läuft dieser kurze Text Gefahr, von uns noch einmal verkürzt zu werden, und zwar auf den zweiten Teil, der vom Menschen spricht.

Nun möchte ich ja nicht falsch verstanden werden. Es ist wunderbar und herzerhebend, was in der Advents- und Weihnachtszeit an Liebe zu Menschen, bei uns Menschen untereinander aufbricht. Die Welle des Helfens und Freudemachens, des Engagements ist mit Gottes Menschwerdung zutiefst verbunden und der schönste Rahmen. Wenn ich an „Bruder in Not" denke, an karitative Unternehmungen, an die vielen Bazare und Flohmärkte, an Kirchenkonzerte und Feierstunden, Aktionen und Beschenkungen, und an die vielen Weihnachtsgeschenke, die mit Liebe bedacht, gebastelt, gekauft und verpackt werden, wenn man an alle Briefe und Grüße denkt, die die Briefkästen zum Platzen bringen und die Postbeamten zu

Überstunden zwingen, wenn man das alles bedenkt, dann ist kein Zweifel, daß die Botschaft vom großen Frieden, will sagen vom Heil in dieser unserer Welt ein weites Echo hat, und nichts von dem soll bagatellisiert, zurückgenommen oder abgewertet werden. Der zweite Teil der Weihnachtsbotschaft ist voll akzeptiert, ja, ich würde sagen, weit über die Kreise der Kirchenbesucher hinaus bis tief in die Gesellschaft hinein aufgenommen und wirksam.

Dort, wo das Orchester unserer Zeit heute schwächer wird, das ist der erste Teil des ältesten und kürzesten Weihnachtsliedes: „Ehre sei Gott in der Höhe". Irgendwie erscheint uns heute dieser fromme Zusatz als zweitrangig und überflüssig. Dafür gibt es ein ganz sichtbares Zeichen: schwindender Gottesdienstbesuch. Die Motivation des „Ehre sei Gott in der Höhe" ist blaß. Die Orgel des Gotteslobs spielt in unseren Seelen nicht mit vollem Werk, nur mit ein paar dünnen Registern. Es ist ganz gleich, was ich aufschlage: Programme katholischer Organisationen, Pastoralpläne, Kath-Press-Nachrichten, Religionsbücher, ja sogar das Protokoll von Bischofskonferenzen und meinen eigenen Tagesablauf: Das „Ehre sei Gott in der Höhe" kommt immer wieder zu kurz.

Und dabei hängt so viel davon ab, daß unsere Seele der Geist der Anbetung durchzieht, das Ergriffensein von dem unendlichen Geheimnis, das über uns beseligend herein-

bricht in diesen Tagen der Weihnacht: Gott, der die unendliche Liebe ist. Und es geht beim Geist der Anbetung nicht nur um ein mystisches Gefühl. Die Haltung der Anbetung bedeutet auch so viel für unser Stehen in der Welt. Es gilt einfach der Satz, der sich im Lauf der Geschichte immer wieder bestätigt, und den auch meine Generation mehrfach bestätigt erhalten hat: Wer vor Gott das Knie nicht beugt, küßt bald einmal dem Teufel den Hintern … Wer diese Haltung der Anbetung gegenüber dem „Gott in der Höhe" nicht pflegt, findet bald einmal einen Ersatzgott auf dieser Erde, beugt sein Knie vor Ideologien, Geld, Macht, Leistung, Standard, Erfolg und anderen Götzen.

Lassen wir also das ganze Lied von Bethlehem in unserer Seele erklingen, das Lied von der Ehre Gottes und der Zuwendung zum Menschen, lassen wir die mächtige Orgel mit dem Gloria im Herzen aufbrausen, und je tiefer die Ehrfurcht vor dem Unendlichen in unserer Seele zum Schwingen kommt, um so wirksamer, treuer und selbstloser werden wir für den Menschen und das Heil der Welt tätig sein können.

# Weihnachten hat viele Gesichter

Kein Fest unseres Lebensraumes und unserer Zeit bewegt die Menschen tiefer als Weihnachten, keines bedeutet mehr für die menschlichen Beziehungen, keines hat mehr „Sitz im Leben". Darum werden im Bannkreis dieses Festes auch die Licht- und Schattenspiele bewußter, die über unsere menschliche Existenz huschen. Daher kommt es wohl, daß Weihnachten viele Gesichter hat.

## *Reigen des Lichts*

Wenn wir in den Wochen der Adventszeit in die Innenstadt von Innsbruck einbiegen, begegnet uns sozusagen die Glamour-Titelseite, der Reigen von Licht und Reklame, Angebot und Schaufensterpracht. Irgendwie gehört das auch zum Fest. Und es besteht eher die Tendenz, das alles mit Geschmack zu machen. Es gibt nur in diesem Bereich eine grundsätzliche Schwierigkeit vom Nikolaustag bis Ostern: Die Herrlichkeit dauert zu lange. Festfreude ist kein Teig, den man wochenlang austreiben kann – und das geschieht, wenn der Festschmaus der Augen zum Alltag wird.

Aber gerade in einer dieser hellerleuchteten Straßen ist mir ein anderes Gesicht von Weihnachten begegnet: ein Knirps, der mit großen Augen fasziniert immer wieder mit dem winzigen Finger auf die Schaufensterscheibe stupst, hinter der die Ziele der Sehnsucht liegen. Es ist das Gesicht kindlicher Erwartung, die das Leben als Wunder sieht. Wenn man älter ist, steigt beim Anblick des staunenden Kindes eine sentimentale Erinnerung auf, die man wegwischen möchte. Und doch bleibt eine kleine Nachdenklichkeit zurück, ob man sich von diesem naiven Vermögen des Kindes nicht eigentlich immer etwas bewahren müßte ... Erwachsenen, die mit Kindern Weihnacht feiern, wird diese Dimension des Festes vertrauter sein.


## Schattenseiten

Aber Weihnachten hat nicht nur freundliche Gesichter. Dieses an sich so anheimelnde Fest kann auch das Gesicht des jäh erwachten Leids tragen. Um Weihnachten werden manche Schatten schärfer.
Ein Platz, der im vergangenen Jahr am Familientisch leer geworden ist, ist am Heiligen Abend noch um eine Spur leerer. Was wird an diesem Abend in der Familie sein, in der vor ein paar Wochen die junge Mutter weggestorben ist? Und dort, wo in den letzten Tagen der Sohn auf der

Straße verunglückt ist? Um Weihnachten können auch Schmerzen wach werden.

Das Fest hat nicht für jeden sänftigenden Zauber. Unter dem Christbaum kann auch deutlicher als sonst bewußt werden, was im Leben zerbrochen ist. Manchen überfällt an diesem Abend das Bewußtsein der Vereinsamung schonungsloser als sonst. Im Umfeld dieses Festes sind die Herzen ungeschützter, dem Strom der Stimmung preisgegeben. Manche werden in die dunklen Buchten der Schwermut abgetrieben, und unsere Zeit kennt viele Seitenarme der Depression, in denen die Wasser des Lebens still und schwarz stehen.

Um Weihnachten kann auch eine ungelöste Sorge drückender sein als sonst. Wenn ich nach der Weihnachtsfeier im Gefangenenhaus ins Auto steige und der Schranken der Wache hinter dem Wagen heruntergeht, dann kann man nicht einfach den Schranken der Gleichgültigkeit und des Vergessens herunterlassen. Das Haus mit den diskreten Gittern und den vielen Schicksalen bleibt gegenwärtig, und ich kann mir denken, daß viele Sozial- und Bewährungshelfer, bemühte Beamte und betroffene Familien die Hilflosigkeit gegenüber derartigen Fragen, die sich da auftun, besonders spüren. Dieses Fest macht menschliche Tragödien bewußter. Es war übrigens, nüchtern betrachtet, schon in Bethlehem so: Manche Schatten werden um Weihnachten schärfer.

## Wache Menschlichkeit

Und doch, und vielleicht gerade deshalb, zeigt dieses Fest in vielen Formen auch das Gesicht einer wacheren Menschlichkeit, der verstärkten Zuwendung, so deutlich wie sonst nie im Jahr. Um die Zeit, in der die Flüsse den tiefsten Pegelstand erreichen, hat die Hilfsbereitschaft Hochwasser. „Licht ins Dunkel", „Bruder in Not", „Misereor", Wohltätigkeitsbasare und Nachbarschaftshilfe, Sternsinger und Altenstuben, Aktionen von Vereinen und Jugendgruppen, kirchliche und außerkirchliche Initiativen brechen auf.

Kein großes Fest der Welt kennt eine ähnliche Mobilmachung des guten Willens, kein Karneval von Rio, kein Oktoberfest, keine Olympiade, kein Tag der Arbeit und keine Umkreisung der Kaaba in Mekka, ja auch kein anderes christliches Fest. In der Motivation zum Helfen hält Weihnachten die einsame Spitze.

Es gibt auch ein Gesicht von Weihnachten, das man an der Neige des aufgeklärtesten, nüchternsten und dynamischsten aller Jahrhunderte eigentlich nicht erwartet: das Gesicht einer neuerwachten, familiären Kultur. Es gibt heute bei uns eine Welle des spontanen Musizierens, weitab von jedem kommerziellen Interesse, und dieses Musizieren ist selbst dann familiär, wenn es vor tausend Menschen im Konzertsaal stattfindet. Und besonders erfreulich ist, daß es vornehmlich junge Hände sind, die

die Gitarren halten und über die Harfensaiten streichen, die über das Hackbrett tanzen und den Baß zupfen. Vielleicht sollte diese musikalische Generation auch den Mut haben, selbst neue Formen solcher Musik zu schaffen.

Auch die Krippe hat, wider alles Erwarten, den Sprung aus der barocken Bauernstube ins Computerzeitalter geschafft. Die pessimistischen Propheten, die im Medienzeitalter den Untergang all dieser aktiven Formen der Familienkultur vorhersagen, haben mit ihren Prognosen doch nicht ganz recht gehabt. Und das ist gut so. Denn die Kultur des Gemüts ist immer noch die Krippe, in die das Mysterium geborgen werden kann.

### Gläubige Ergriffenheit

Und so kennt Weihnachten auch das Gesicht gläubiger Ergriffenheit. Sie kann beim „Stille Nacht, heilige Nacht" durch die Reihen gehen, sich bei den Worten des Lukasevangeliums unter dem Christbaum regen, sie kann sich vor den Lichtern auf den Friedhöfen einstellen und beim Gang zur Mitternachtsmette. Vielleicht erfährt sie auch ein Wanderer auf der abendlichen Langlaufloipe. Hoffentlich kommt sie auch zu den Krankenbetten und Rollstühlen. Die Botschaft vom Kind, das das Heil bedeutet, schlägt immer noch die Herzen in Bann.

Manchmal ist aber unsere christlich-weihnachtliche Frömmigkeit zu sehr nach rückwärts, auf die Gefilde von Bethlehem gerichtet. Das ist nicht die ganze Weihnacht. Dieses Fest hat eine zeitlos-kosmische Dimension. Die Schau zum nächtlichen Himmel hinauf hat durch Jahrhunderte große Geister und einfache Menschen überwältigt. Heute tut man sich beinahe schwer, den Blick ins Universum zu bemühen, nachdem im Werbefernsehen alle Augenblicke ein neues Stereogerät oder ein alle Grenzen des Irdischen sprengender Rasierapparat aus den Tiefen des Weltalls herantaumelt oder das Raumschiff Enterprise aus einer Galaxis heranjagt.

Es ist also heute ein etwas abgebrauchtes Bild, wenn ich trotzdem sage: Weihnachten hat wirklich eine kosmische Dimension, die die Lichtjahre und die Weiten des Weltalls und das Ende des Universums umspannt. Dieses Fest verkündet die Botschaft vom Ewigen Wort, das diese Welt geschaffen hat, und das sich dieser Schöpfung schenkt, nicht nur in Bethlehem, sondern heute und immer wieder und überall, in den tausend Formen, in denen Gott kommt, im Leben des einzelnen, in der Geschichte der Welt und im Werden und Vergehen des Alls, das eben deshalb für den Christen aus allen Dunkelheiten einem hellen Horizont entgegensteuert, weil Gott zu ihm „Ja" gesagt hat.

# Kinderlieder zur Weihnacht

Lachen Sie bitte nicht. Eben habe ich zwei kleinen Mädchen aus dem Kindergarten zugehört, die unbekümmert auf der Straße in ein weihnachtliches Schaufenster hinein das alte Liedchen gesungen haben: „Ihr Kinderlein kommet, o kommet doch all ..." Ich war auf dem Weg zu irgendeiner äußerst wichtigen Konferenz, und ich war mit der Zeit im Verzug. Trotzdem bin ich stehengeblieben und habe den beiden Sängerinnen zugehört. Es ist etwas Merkwürdiges um ein Weihnachtskinderlied. Mit fünfzehn hat man es für hoffnungslos kindisch gehalten, mit zwanzig für kitschig, mit dreißig und inzwischen gestiegenem Bildungsniveau für außerordentlich dürftig in der theologischen Aussage, mit vierzig für sentimental, aber immerhin für kindergemäß, und mit siebzig bleibt man also stehen, weil zwei Knirpse es mit plattgedrückten Nasen bei einer Fensterscheibe hineinsingen, und man vergißt ganz darauf, daß man schließlich als Bischof, Doktor der Theologie und Vorsitzender der verschiedensten Gremien und Initiativen Wichtigeres und Bedeutenderes zu tun hätte. Aber man steht und horcht, weil da mitten im lauten Strom der Geschäftsstraße plötzlich etwas auftaucht, was irgendwo in einem Seelenwinkel von tausend Dingen zugedeckt verborgen liegt und eine Ergriffenheit in Erinnerung ruft, zu der man später nicht mehr so leicht fähig war.

### Das vertraute Kinderlied

Ich sehe mich nämlich als Siebenjähriger zusammen mit meinem kleinen Bruder an den großen Glasfenstern des Balkons unseres Heimathauses, in den Tagen vor Weihnachten, und wir singen das gleiche Lied. Gleichzeitig schauen wir in die fallenden Schneeflocken hinaus. Wir entdecken ein neues Spiel, eine wunderbare Illusion: Wenn man in die herunterwirbelnden Flocken hineinschaut, wird der Glasbalkon auf einmal zum Ballon, der immer höher steigt. Da das große Fest bereits in der Luft liegt und das bewußte Zimmer wegen der erregenden Vorbereitungen bereits gesperrt ist, braucht es also nichts weiter als ein kleines Lied und einen Schneeflockenblick aus dem Glasbalkonfenster, und schon macht man mit vier und sieben Jahren eine herrliche vorweihnachtliche Himmelfahrt.

Später weckt derselbe Blick andere Reaktionen. Vielleicht denkt man sich: „Das gibt eine gute Unterlage fürs Schifahren in der Zeit nach den Feiertagen", oder etwa: „Gut, daß ich die Winterreifen drauf hab", oder: „Die Hoteliers und die Liftbesitzer werden sich die Hände reiben" – aber Himmelfahrten macht das Herz nicht mehr so leicht. Eine große Schriftstellerin unseres Jahrhunderts, die das Kinderherz bestens versteht, die Schwedin Astrid Lindgren, hat in ihrem wunderbaren Buch: „Mio, mein Mio" einmal beschrieben, wie der kleine Held der Geschichte mitten aus dem modernen Straßengetümmel in eine ganz andere und doch nicht nur phantastische Welt entführt wird, in eine Welt, die viel Heilendes verbirgt.

Ein kleines Kinderlied hat auch mich entführt. Aus wieviel echtem Silber müssen doch manche Glocken in einer Kinderseele gegossen sein, daß sie nach so vielen Jahrzehnten auf einmal wieder anschlagen können? Und was für Schätze geben Eltern mit, die ihren Kindern eine Kindheit mit Herz schenken! Sie schaffen eine Welt des Vertrauten und Gültigen und geben einen Reichtum des Fühlens und Empfindens weiter, der später durch kein Bankkonto, keine Position und keine bedeutende Karriere aufgewogen werden kann.

## Das verlorene Kinderlied

Ich glaube, daß dieses „Ambiente", diese Einbettung für ein Weihnachtskinderlied entscheidend ist. Es muß jemand dagewesen sein, der es mit uns gesummt hat, der

95

uns auf den Knien geschaukelt oder zu einer Krippe emporgehoben hat. Nachdem ich viele Dutzend Klassen kleiner Kinder unterrichtet habe, lasse ich es mir nicht nehmen: Kinder haben eine Antenne für das Heilige. Das Märchen von den sieben Zwergen und die Weihnachtsgeschichte ist für Kinder nicht dasselbe. Und wenn die Dimension des Heiligen tatsächlich verschwindet, weil sie einfach durch eine bestürzende Plattheit der Erwachsenenwelt verschüttet wird, dann ist das tragisch. Dann können noch so viele Lautsprecher weihnachtliche Weisen in irgendwelche Verkaufshallen plärren – das Kinderweihnachtslied ist verloren.

Manchmal freut man sich wirklich, wenn man von der Wissenschaft her Bestätigungen für das erfährt, was man unausgesprochen immer gefühlt hat: Der dänische Religionspsychologe Ijsager hat durch empirische Untersuchungen festgestellt, daß in der areligiösen Familie die großen Feste sterben. Tischdekorationen, Gabenberge und einschlägige Fernsehsendungen genügen nicht. Feste brauchen Tiefe. Mit dem Glauben verliert man das sinnstiftende Geheimnis, mit dem Geheimnis das Fest. Und so wird die duftende Tanne zum Plastikchristbaum. Weihnachten aber verlangt, daß wir zum Wesen aller Dinge aufbrechen, und wenn wir die Sinntiefe beiseite lassen, dann bedeutet ein Weihnachtskinderlied auch nicht mehr als irgendein Ringelreihengesang. Das entleerte und verlore-

ne Weihnachtskinderlied müßte uns Oberflächlich-abge-
lenkt-in-die-Feiertage-Hineinhastenden zu denken geben.

### *Das verstummte Kinderlied*

In den Kellern Sarajevos sind die Kinderlieder verstummt.
Und in den kalten Winkeln zerschossener Häuser genauso
wie im Pferch der Flüchtlingslager. Die verstummten Kinderlieder sind noch beklemmender als die jaulenden Gra-
naten. (Manchmal kommt mir der Gedanke – wenn alle
diese verantwortlichen, brutalen Machtpolitiker und Blut-
generäle nur eine Ewigkeit lang mit dem Kinderweinen
konfrontiert würden, das sie verursacht haben, dann hätten
sie Hölle genug ...) Natürlich kommen vielleicht manchen
Menschen (hoffentlich in unserem Lande nicht vielen) ver-
stummte Kinderlieder zurecht. Könnte man sie hören, dann
fiele es wahrscheinlich schwerer, gegen Flüchtlinge und
Fremde Emotionen hochzupeitschen. Kinderstimmen
stören die Steuerung solcher Bewußtseinsprozesse. Jeder
Haß dieses Jahrhunderts hat mit dem Abschalten von
Gefühlen der Anteilnahme, des Verstehens und des Mitleids
begonnen. Und darum möchte ich hier den verstummten
Kinderliedern Gehör verschaffen und dazu einladen, daß
wir die sensibleren Antennen des Herzens ausfahren, damit
wir auch das hören, was stumm gemacht wurde.

## Das bewegende Kinderlied

Ich hab's in einem Liederbuch zur Weihnacht gefunden. Es ist nicht ganz so idyllisch, wie unsere Weihnachtskinderlieder im Glasbalkon waren, bei den fallenden Flocken. Es ist ein Weihnachtslied von einer Bethlehemszene von heute, und es stammt aus Nikaragua:

„Denk zum Beispiel an den kleinen Pedro,
der sonst deine Schuhe sauber macht,
der jetzt frierend auf den Kirchenstufen
neben seiner kleinen Schwester wacht ...“

Es ist ein ganz anderer Typ von Kinderweihnachtslied, als es die beiden kleinen Mädchen ins leuchtende Schaufenster gesungen haben. Aber eigentlich sollte auch dieses Lied unsere hastenden Schritte anhalten, wie es mir in der Geschäftsstraße gegangen ist. Wenn wir nämlich auf diesen Text schauen und darüber nachdenken, dann könnte es sein, daß wir auf einmal wie aus weiter Ferne eine Kinderstimme hören, die dieses Lied mitsingt. Es ist eine Kinderstimme, die sonst bei keinem Weihnachtslied mitsingt. Denn alle Weihnachtslieder wurden für dieses Kind gedichtet und komponiert. Aber bei dieser Strophe vom kleinen Pedro – da würde er mitsingen, der Herr der Welt, der menschgewordene Gott, weil es ihm ja in der Heiligen Nacht um diese Hinwendung zum Menschen gegangen ist.

# Weihnachten und die Geburt des Lichtes

Wie alle Jahre stehen wir vor dem Fest, das wie kein anderes die Gefühle und die Registrierkassen in Wallung bringt, und selbst wenn Hast und Last des Lebens unsere Gefühlswelt etwas verkümmern ließen und uns ein dumpfes Mißbehagen gegenüber der Klischeeweihnacht erfüllt, die mit ihren Lichtgirlanden-Flitterglimmer-Tonkonserven-Kombinationen die Straßen füllt, – wenn er sich dann heruntersenkt, der Abend der Abende, möchten wir doch ein wenig von seinem Zauber mitbekommen.

Und dazu braucht es immer wieder so etwas wie eine Neuentdeckung. Was soll ein Brillant, der in der Dunkelkammer versteckt bleibt? Edelsteine muß man ans Licht heben, damit ihr Schliff zu funkeln beginnt. Und Weihnachten ist ein Solitär mit vielen Facetten.

## *Die Weihnacht der Bedrückten*

Es ist nun einmal so, daß Weihnachten in einem Stall begann, nicht in einem Kaufhaus oder in einem Konzertsaal. Wenn man die „sänftigenden Zauber", wie das

Romano Guardini genannt hat, beiseite räumt, so wie man bunte Vorhänge und zarte Gardinen wegzieht, dann ist die erste Weihnachtsszene viel näher bei Flüchtlingslagern und bei dem Sandler, der sich nach dem Tee in der Altenstube wieder in seine Hausruine verkriecht, als bei glanzvollen Oratorien und gepflegtem Feiern.

Wenn diese Heilige Nacht um die Erde wandert, bleibt sie zunächst über den Armenvierteln und Hungergebieten stehen; und in der Wohnung der Familie, in der eben die Mutter weggestorben ist; und beim mittelamerikanischen Kleinbauern, den die Schulden erdrücken.

Der Welterlöser findet seine Konditionen von damals zuallererst in den Schattenwinkeln dieser Erde wieder, und wer eine echte Weihnacht feiern will, muß ihn wohl oder übel in irgendeiner Form auf dieser Reise durch das quälende Dunkel der Zeit begleiten, sonst wird er Sein Kommen nie verstehen. Jesus Christus ist nämlich einer, der – soweit es sein irdisches Milieu betrifft – „aus der Kälte kam".

Aber – dies sei in aller Dankbarkeit vermerkt – es gibt in unserem Land viele, die in irgendeiner Weise diese weihnachtliche Fahrt in die Welt der Bedrückten antreten. Und wer es tut, dem blitzt etwas auf, das er in den Auslagen der Juwelengeschäfte nicht blitzen sieht ...

101

## Das Fest der Suchenden

Auch diese Facette gehört zur weihnachtlichen Original-szene. Dazu müssen wir den Scheinwerfer dieser kleinen Meditation nur auf das Hirtenfeld von Bethlehem lenken – oder etwas später auf diese kleine Gruppe, die da auf den Karawanenwegen des heutigen Irak nach Osten auf-bricht, getrieben von einer kaum durchschaubaren Mischung von uralter Verheißung, Naivität, großer Sehn-sucht und einem bewundernswert zähen guten Willen, dem ein Stern genügt.

Diese Seite der Weihnacht als einem Fest der Vielen, die unterwegs sind, ist heute deshalb so aktuell, weil so viele den Glauben nicht mehr als festen Besitz erleben, sondern durch Wälder von Fragezeichen wandern, wo die Markie-rungen verblaßt sind. Aber man müßte es deutlich sagen: Weihnacht ist nicht einfach nur das Fest derer, denen Gott den strahlenden Lichterbaum in der Seele angezündet hat. Es ist das Fest der Sucher von der ersten Stunde an. Es ist das Fest derer, die vielleicht im Vordergrund ein „Nein" auf den Lippen haben, eine Skepsis, eine aus enttäu-schenden Erlebnissen gewachsene Reserviertheit. Und alle diese Wächter und Sucher, die da Ausschau halten und sich durch die Karawansereien und Reisebüros des Daseins fragen, müßten wissen, daß hinter diesem Fest eine wunderbare Wahrheit aufflammt, die am schönsten in dem schlichten Satz der Schrift gefaßt ist: „Gott will, daß alle Menschen gerettet werden."

Im barocken Getümmel einer Tiroler Kirchenkrippe ist mein Blick auf einen Engel gefallen, der mit einer unglaublichen Eleganz einen suchenden Hirten zum Stall weist ... Dieser weisende Engel ist mir nicht aus dem Sinn gekommen, weil er doch die Rolle verkörpert, die die verkündende Kirche beim Fest der Sucher zu spielen hätte. Die Schwierigkeit ist nur, daß wir weder Engel sind, noch immer jene überzeugende Bestimmtheit und gewinnende Eleganz ausstrahlen, mit der der barocke Engel zur Mitte und zum Wesen aller Dinge hinweist. Hoffen wir, daß der Herr unserer Kirche Heerscharen mit diesen Eigenschaften schickt.


## Die Weihnacht der Schenkenden

Auch das gehört zur Originalszene: Von den dürftigen Naturalien der Wanderhirten von Bethlehem (sie gehörten übrigens einer damals nicht gerade hoch geachteten Gesellschaftsschicht an) bis zu den mehr symbolischen Gaben von Weihrauch, Myrrhe und Gold (wobei man auch bei letzterem nicht unbedingt an die Dimensionen eines Goldtransportes der Nationalbank denken muß, sondern eben an ein zeichenhaftes Geschenk, das die hei-

lige Familie nicht in die höhere Einkommensklassen kata-
pultierte).

Aber es ist das Fest des Schenkens geblieben. Und man
muß einmal deutlich sagen – trotz aller seelenlosen Entar-
tungen dieses Schenkens, die es natürlich gibt: Es ist etwas
Wunderbares um dieses Fest des Schenkens. Wenn mir
ein Kind der zweiten Volksschulklasse eine Zeichnung mit
seiner Vision von Bethlehem per Post zusendet, oder ein
Häftling im Gefangenenhaus eine kleine Ikone schickt,
die er in langen Stunden gemalt hat, oder wenn mir eben
jemand eine Wohnung für eine Flüchtlingsfamilie ange-
boten hat, oder wenn ich von einer Rentnerin hundert
Schilling im Briefkuvert bekomme („für die, denen es
schlechter geht"), oder wenn da jemand einen Scheck auf
meinen Schreibtisch legt, ohne große Worte und Kom-
mentare, einen Scheck, der einfach vieles möglich macht
und der Hilfe im Großen rollen läßt, – dann wird mir der
ganze Zauber dieses „Schenk- und Frohmach-Festes"
bewußt.

Und mir fällt jener Religionspsychologe ein, der irgendwo
einmal geschrieben hat, aus seinen Felduntersuchungen
gehe eindeutig hervor, daß Feste ihren eigentlichen Glanz
nur behalten können, wenn sie den religiösen Urgrund
bewahren, aus dem sie gekommen sind ...

Die Facette des Schenkens hat am Brillanten der Weihnacht einen faszinierenden Schliff. Er hat ein Feuer, das die

Welt erhellt. Aber wir brauchen den Solitär nur noch ein bißchen zu drehen, dann flammt jene Seite der Weihnacht auf, die – ich darf die Klage wohl wagen – leider zu vielen verborgen bleibt. Das ist die Weihnacht der Anbeter.

## Die Weihnacht der Anbeter

Vor Jahren ist das wertvolle Buch von Wolfgang Kraus mit dem Titel „Die verratene Anbetung" erschienen. Mit diesem Wort ist in knappster Präzision ein tiefgreifendes Defizit des Religiösen in der Gesellschaft, ja, bis weit hinein in die Kirche gekennzeichnet.

Unsere Seelen haben das Knien verlernt. Wir stehen zu lange im Vorhof des Heiligtums – nur diskutierend, hinterfragend, moralisierend, problematisierend oder fordernd. Wir kommen gar nicht mehr dazu, auch über jene Schwelle zu treten, wo das Schweigen beginnt, und wo man dann nur niedersinken kann ... verstummend und überwältigt.

Und auch das gehört, als letzte Facette, zur Weihnacht des Ursprungs: „Sie fielen nieder und beteten an ...".

Da hat mich jemand gefragt, welches Weihnachtslied mir am besten gefalle. Ich habe eins, aber das ist nicht sehr bekannt. Paul Gerhardt hat es vor dreihundert Jahren gedichtet und Johann Sebastian Bach hat es vertont: „Ich steh an deiner Krippen hier ..."; da heißt es dann in der letzten Strophe:

Ich sehe dich mit Freuden an
und kann nicht satt mich sehen,
und weil ich nun nichts weiter kann,
bleib ich anbetend stehen.
Oh, daß mein Sinn ein Abgrund wär,
und meine Seel' ein weites Meer,
daß ich dich möchte fassen.

Wie gesagt, man muß ihn aus den dunklen Schubladen der Verbürgerlichung und Kommerzialisierung herausholen, den Solitär der Weihnacht, und ihn im Licht drehen, damit seine Facetten blitzen können. Allerdings – Licht ist dazu unabdingbar, Licht des Glaubens, und wenn's nur eine kleine, im Luftzug der Zeit flackernde Kerze wäre ...

# Das Lächeln des Kindes

In der Weihnachtszeit rückt vornehmlich ein Bild in die Mitte der gläubigen Betrachtung wie des christlichen Brauchtums, in die Mitte der Lieder, der Flöten und der Geigen, in die Mitte aller szenischen Darstellungen, der Krippen und der Hirtenspiele, in die Mitte der christlichen Kunst: das Bild vom Kind und seiner Mutter.

Bei einem so allgemein-menschlich ansprechenden Bild besteht die Gefahr, daß es sich in einer vordergründigen Gefälligkeit verliert oder in einer lieblichen Idylle verflacht.

Die Beziehung Kind – Mutter und Mutter – Kind hat etwas ungemein Rührendes und Bewegendes. Das erste Lächeln, das ein Kind seiner Mutter schenkt, wird wohl immer bei dieser ein Glücksgefühl auslösen, ein kleines Sonnenwunder im Alltag des Lebens sein.

Aber das erste Lächeln des Kindes von Bethlehem, das es seiner Mutter Maria geschenkt hat, geht weit über diese persönlich bewegende Ebene hinaus. Das Lächeln, das zum ersten Mal über die Züge des Christkinds huschte und aus seinen großen Augen strahlte – dieses Lächeln kam aus den Tiefen der Ewigkeit. Es war das Lächeln eines kleinen Kindes und doch das Lächeln des Unendlichen, das mutmachende Zeichen der ewigen Güte. Und die Freude, mit der Maria dieses Lächeln wahrnahm, geht über menschliche Mutterfreude weit hinaus: In ihr blitzt das Hoffen der Menschheit auf, die Sehnsucht der ganzen Schöpfung.

Im ersten Lächeln des Kindes von Bethlehem wird eine selige Brücke zwischen Gott und der Menschheit geschlagen. Darum heißt es in der Liturgie der Weihnacht: „Erschienen ist die Menschenfreundlichkeit unseres Gottes ...“

Und darum muß mit diesem Fest, wenn wir es recht und sinnvoll feiern wollen, ein tausendfaches Lächeln über die Erde gehen, so wie die aufgehende Sonne in tausend kleinen Tautropfen aufblitzt: ein Lächeln der Freude über ein Geschenk, das überrascht; ein verständnisvolles Lächeln in einer Geste der Versöhnung; ein Lächeln des Vereinsamten, der eine Aufmerksamkeit erfährt; ein Lächeln des Hungernden, der Hilfe erlebt; ein Lächeln des Gedrückten, der Solidarität zu spüren bekommt; ein Lächeln des seelisch Belasteten, der dem Verstehen begegnet; ein Lächeln des Verbitterten, dem man hilft, die düsteren Vorhänge des Vorurteils beiseite zu ziehen; ein Lächeln des einsatzbereiten Idealisten, dem auch einmal Dankbarkeit zuteil wird; ein Lächeln des Flüchtlings, der eine Bleibe findet; ein Lächeln des Verfolgten, der in der Welt um treue Freunde weiß; ein Lächeln des Vergessenen, der eine

Aufmerksamkeit erfährt; ein Lächeln des lange Wartenden, der den ersehnten Brief öffnet ...

Das Maß der rechten Feier der Weihnacht liegt darin, wie viel befreiendes Lächeln wir rund um dieses Fest herum in die Welt zaubern – aber nicht mit der gewandten, zähneblitzenden Keep-smiling-Freundlichkeit der berechnenden Konvention oder Reklame, sondern in einer schlichten Weise, hinter der die Ergriffenheit durch das große Geheimnis steht, so daß alles Lächeln ein Widerschein jenes Lächelns wird, mit dem das Ewige Wort in seiner Mutter die Menschheit begrüßte, damals, als über Bethlehem die große Sonne aufging ...

# Tirol bei Nacht

Der Titel könnte trügen. Es handelt sich hier nicht um einen Streifzug durch die Angebote der Unterhaltung und des Amüsements in unserem Land. Es gibt ein wesentlich atemberaubenderes „Tirol bei Nacht": Wer an einem Winterabend vom Berg ins Inntal hinunterschaut, lange nach dem letzten Lift, und das Finsterwerden erlebt, wie die Dunkelheit aus den Wäldern kriecht und die Lichter im Tal aufkommen, die stillen und die bewegten, bis der ganze Diamantensplitterteppich ausgebreitet ist – wer das erlebt, muß kein versponnener Mensch sein, um beim Anblick dieses „Tirol bei Nacht" ins Sinnen zu geraten. Es kann recht gut der Anlaß für eine weihnachtliche Nachdenkstunde des Seelsorgers sein.

Er kann „Tirol bei Nacht" keineswegs nur als trauliches Wintermärchen sehen, das seinen sänftigenden Zauber über das Dasein breitet. Da gibt es doch harte Dunkelheiten, die aus den Winkeln und Abgründen des Menschlichen quellen.

*Die Liebe hat Kurzschluß*

Ein neunjähriges Mädchen hat mir in einem Brief geschrieben: „Meine Eltern wollen sich scheiden lassen. Ich habe sehr viel geweint. Aber vielleicht bringe ich sie doch noch einmal zusammen ..." Sie wird sie, wie mir der Rechtsanwalt sagte, nicht mehr zusammenbringen. In vielen, allzu vielen Wohnungen und Häusern unseres Landes geht das Licht aus. Die Liebe hat Kurzschluß. Die Sicherungen brennen durch. Und unsere Gesellschaft bastelt unentwegt an immer schwächeren Sicherungen für die Lampe der Liebe in Ehe und Familie. Und so wird es dunkel, am dunkelsten für die Kinder.

Und da ist der Fixer, der sich im Altstadtwinkel – gar nicht weit von der Stadtkrippe – das weiße Pulver einhandelt. Und dann döst er auf der Bank vor der Fassade des Domes, und die ganze scheinwerferbestrahlte barocke Schönheit ragt hilflos über diesem Elend zum Himmel empor ... Die Verdüsterung der Seelenlandschaft in jungen Menschen ist eine beklemmende Dunkelheit der Gegenwart.

Mir kommt auch die alte Frau in den Sinn, die im Heim ihren Stuhl immer wieder ins Stiegenhaus rückt, und dort sitzt und die Treppe hinunterschaut und auf den Besuch wartet, der nie kommt. Auch mit der Vereinsamung fällt ein Stück Nacht ein, und ihr Frösteln zieht durch Wohnblöcke und Mietshäuser und schleicht um Anstaltsbetten. Es gibt noch viele Dunkelheiten in unseren Tälern, Versagen und Desinteresse, bis zu jenem kältesten Dunkel der Habgier, die bei der Miete für die feuchte Gastarbeiterwohnung den großen Schnitt macht.


## Lichter des Helfens und Schenkens

Aber damit ist „Tirol bei Nacht" nicht abgetan. Neben den nächtlichen Schatten zeigt sich auch das faszinierende Spiel der Lichter. Ich fühle mich keineswegs als Optimist vom Dienst, aber in diesem Jahr hab ich zu oft erfahren, daß es den Diamantensplitterteppich des Guten in unserem Land gibt.

Da sind die vielen freundlichen Lichter des Helfens, Schenkens und Betreuens: der junge Mann, der mit dem Rotkreuzwagen unterwegs ist; die Schülerin, die den Sonntagsdienst im Krankenhaus macht; die Jungscharführer, die sich um viele tausend Kinder mühen; die Pfadfinder, die Behinderte an ihr Lagerfeuer holen; die Sternsinger, die in Nässe und Kälte für andere unterwegs sind; die Betreuer der Altenstuben, die auch keine Überstunden verrechnen; die Hauskrankenschwester, die ihre Runde treppauf, treppab macht; die fleißigen Hände, die sich für die vielen Basare rühren. Es gibt hierzulande ungenannt sein wollende Großmut, von der nur wenige wissen, die da und dort ein Helfen ermöglicht, für das sonst keine Mittel vorhanden wären. Und es gibt eine redliche Offenheit von Verantwortungsträgern, Gutes zu tun und Positives zu unterstützen. Einige junge Menschen besteuern sich freiwillig für die dritte Welt, und Schulklassen beschließen, im Altersheim zu musizieren. Da ist ein Unternehmer, der immer wieder Strafentlassene anstellt und damit eine Chance für einen Neuanfang bietet, und dort müht sich jemand, beim schwierigen Weg aus dem Rauschgift die Hand zur Hilfe zu bieten. – Und wie die Autobahnen im nächtlichen Tirol zu Straßen des Lichts in Richtung Grenze werden, so gibt es auch helle Straßen der Hilfsbereitschaft in die Ferne: Lastzüge für Hungernde, Fertigteilhäuser für Erdbebenopfer, Tiefbrunnen für Durstige.

## Das Erwachen der Liebe

Neben diesem dynamischen und bewegten Funkeln und Leuchten grüßen auch die stillen Lichter, die einfach scheinen und ein Stück Welt und Heimat hell machen: das junge Paar, das mitten in einer veräußerlichten Welt ein echtes familiäres Leben und ein gutes Heim für seine Kinder aufbaut; der Schwerkranke, der mit seiner Lage zurechtkommt und nach dessen Besuch man sich betroffen fragt, wer nun eigentlich wen getröstet hat ...; die jungen Menschen auf der Nachtwallfahrt; und die stillen Beter in winterdunklen Kirchen, Wächter des Mysteriums in einem Meer der Oberflächlichkeit; und nicht zuletzt der alte Priester, der im Bergdorf immer noch bei den Seinen aushält, im alten Widum, umgeben mit dem Komfort von anno dazumal – sozusagen ein tröstlicher Lichtpunkt im Abseits, über dem lauten Tal.

Aber ich kann mich nicht in die Einzelheiten verlieren. Wer will in unserem Land am Abend die Lichter zählen? „Tirol bei Nacht" heißt Dunkel und Kälte, Probleme und Abgründe in und um uns – das ist nicht zu leugnen. Aber es gibt eben auch dieses andere Phänomen: das immer wieder beginnende Erwachen der Liebe in den Herzen, das Aufbrechen des Guten, des Helfens und der Glaubenskraft in unserem Land. Wenn es auch im einzelnen nur kleine Punkte sind, sie wachsen doch zu einer hunderttausend Sterne zählenden Milchstraße zusammen, die durch die Nacht der Zeit zieht. Und dieser Tanz der Lichter, dieser strahlende Strom hat seinen geheimnisvollen Ursprung in jener Nacht von Bethlehem, in der das Kind geboren wurde, das von sich sagen konnte: Ich bin das Licht der Welt.

# Das Fest der Freude

Für das Thema dieser weihnachtlichen Besinnung war ich lange auf der Suche. Auf dem Schreibtisch haben sich die Bücher getürmt, Abhandlungen von Theologen, Essays bedeutender Schriftsteller, die Bildbände der Fotokünstler, die Verse der Dichter – aber es wollte und wollte kein Funke überspringen. Die Musik eines Weihnachtsoratoriums hat ihr Bestes getan, um mich einzustimmen, aber ebenfalls umsonst. Wahrscheinlich blockt der Alltag mit den Briefen und Sorgen, den Problemen und dem Ärger die guten Gedanken ab.

Ich bin auf den Innsbrucker Domplatz hinuntergegangen, wo die Menschen beim Wohltätigkeitsbasar in den Ständen gewühlt haben, mit einem fröhlichen Entdeckungseifer, den das exquisiteste Kaufhaus nicht zu wecken vermag. Über die Pfarrgasse waren die Lichtgirlanden gegen den grauen Dezemberhimmel gespannt und die Schaufenster haben um die Wette geblitzt und gestrahlt – aber bei mir hat sich nichts bewegt. Vielleicht ist dieses ganze weihnachtliche Drum und Dran zu früh, zu aufdringlich, zu organisiert und zu hochgezüchtet? Oder ist doch hinter all dem etwas, das ein kurzes Verweilen lohnt?

Auf einmal habe ich ihn gesehen, beim Christkindlmarkt,

unter dem Laubenbogen: einen drolligen dreijährigen Knirps mit viel zu großen Bluejeans, wie sie bei sparsameren Familien auf längerfristiges Hineinwachsen programmiert werden. Dem Kleinen geht offenkundig ein heißersehnter Wunsch in Erfüllung. Der Vater überreicht seinem anscheinend nicht allzu verwöhnten Sohn eine rosarote Zuckerwolke. Und das Kind strahlt den Vater mit einer solchen Seligkeit an, daß man daran nicht vorbeigehen kann.

Und plötzlich weiß ich, was als Überschrift passen könnte: Das Fest der Freude.

## Das Wort von der Freude

So ganz daneben kann ich mit dieser Wahl nicht liegen. Schließlich hat diese Schlagzeile ja nicht meine Wenigkeit erfunden, sondern jener Engel, der auf den Fluren von Bethlehem mit dem sensationellsten Kommuniqué der Weltgeschichte betraut war. Der Engel hat mit den Worten begonnen: „Siehe, ich verkünde euch eine große Freude ..." Ich weiß mich also mit diesem Thema in voller Übereinstimmung mit dem himmlischen Pressezentrum.

Bleiben wir also bei der Freude. Aber da die Welt unserer Empfindungen sehr vielschichtig ist, muß man doch mit einer gewissen Vorsicht an das herangehen, was uns

bewegt, mit den Unterscheidungen jener Psychologie, die sich dem ganzen Menschen verpflichtet weiß, Freude und Freude ist nicht dasselbe.

### Die Freude ist die Schwungkraft der Seele

Man darf den feinen Unterschied zum bloßen Vergnügen, zum seichten Amüsement, nicht übersehen.

Das Amüsement begnügt sich mit dem Augenblick, die Freude überstrahlt das Gestern und das Morgen.

Amüsement kann man kaufen, Freude bekommt man eigentlich nur geschenkt.

Das Vergnügen hat etwas mit Befriedigung zu tun, die Freude mit dem Glück.

Mit dem Amüsement lebt der Mensch „in sich hinein", mit der Freude „über sich hinaus".

Das Vergnügen vertreibt die Zeit, die Freude erfüllt sie.

Wenn sich das Amüsement vom Sessel erhebt, setzt sich gleich die Langeweile drauf. Wenn die Freude geht, nimmt die Dankbarkeit den Platz ein.

Das Vergnügen bietet Ablenkung, die Freude motiviert.

Sicherlich könnte man noch viele Aphorismen zur Freude und ihren schwächeren Surrogaten erfinden, aber es mag genügen. Ein wenig hineinhorchen in Lebenserfahrungen,

Erinnerungen, Initiativen, Menschen und Schicksale, gelungene Wenden und geglückte Neuanfänge – und immer wieder finden wir es bestätigt: Die Freude ist tatsächlich die Schwungkraft der Seele.

## *Die Freude umarmt die Welt*

Die Freude drängt nach Mitteilung. Was uns der Alltag in tausend Spielarten lehrt, haben zwei große Geister in eine faszinierende Form gegossen: Friedrich von Schiller und Ludwig van Beethoven in der „Hymne an die Freude", dem Schlußchor der Neunten Symphonie. Vielleicht ist die Sprache jener Zeit für uns eine Spur zu pathetisch, aber in der Schlußabrechnung der Geschichte wird es trotzdem stimmen, daß strahlende Herzen und leuchtende Augen unter den Menschen mehr Gemeinsamkeit geschaffen haben als geballte Fäuste und aufgerissene Mäuler.

Darum gilt es zeitlos: „Alle Menschen werden Brüder, wo dein sanfter Flügel weilt ..."

Die ekstatische Verzauberung der Seele, wie die Freude einmal genannt wurde, ist sicher ein wirklich segensreicher, ansteckender Bazillus in der Gesellschaft. Wenn diese rissige und verdorbene Erde trotz aller Bedenklichkeiten und Enttäuschungen, die sie birgt, doch hie und da die Melodie zu hören bekommt: „Seid umschlungen, Millionen, einen Kuß der ganzen Welt", dann verdankt sie das sicher der strömenden Freude und nicht der messerscharfen Kritik, mag diese noch so berechtigt und notwendig sein.

## *Die Freude ist das lachende Gebet*

Leute, die sich die Mühe machen, sorgsam Worte auszuzählen, haben festgestellt: Das Alte Testament stellt die Freude zweihundertmal, das Neue Testament hundertmal in die Mitte des gläubigen Daseins. Ich kann also auf Einzelzitate verzichten und nur noch einmal auf den besagten himmlischen Geist verweisen, der den Leitartikel über die Menschwerdung Gottes mit dem Satz begonnen hat: „Ich verkünde euch eine große Freude" (Lk 2,10). Und dabei hat er eigentlich noch ein wenig Understatement getrieben, denn es müßte natürlich heißen: „Ich verkünde euch die große Freude schlechthin ..."
Ich gestehe, daß ich mir das selbst zu Herzen nehmen muß. Denn auch im kirchlichen Alltag läuft man Gefahr, diesen Grundton der Freude und der frohen Botschaft von allzuvielen Mißtönen überlagern zu lassen, von Zeitproblematik und hoher Kirchenpolitik, von ungelösten Personalproblemen und Gefühlen der Hilflosigkeit. Und wenn

man als Bischof nun eben vorübergehend auf der Kommandobrücke des Kirchenschiffes Dienst tun muß und froh ist, halbwegs den Kurs einzuhalten, dann drängen sich das ganze Jahr hindurch Eifrige und Aufgeregte heran, die es natürlich gut meinen und ständig Feuerbefehle zurufen: Da taucht ein Skandal auf, dort zeigt sich ein Mißstand, hier ist eine Provokation und dort eine Blasphemie, überall kommt das Böse aus den Tiefen.

Ich gebe ja zu, daß man hie und da eine gefährliche Mine ins Visier nehmen muß, die zu nahe an die Bordwand des Kirchenschiffes herantreibt. Aber ich wehre mich gegen die Vorstellung, daß das Schiff der Kirche wie ein schußbereiter Raketenkreuzer durch das Weltmeer pflügen soll, alle Ferngläser und alle Rohre auf das Negative gerichtet, das da auf den Wogen des Tages daherschwimmt. Ich fürchte mich vor dieser Vision der Kirche, weil auf einem solchen Fahrzeug keine fröhlichen Wimpel wehen.

Wenn wir schon beim Symbol des Schiffes bleiben wollen, dann lieber bei jenem wunderbaren Bild eines Kauffahrers, der in der Morgensonne mit gewölbten Segeln in die stille Bucht hereinfährt, mit ungeahnten Schätzen an Bord, aus einem fernen Land, weit, weit hinter allen Horizonten.

Es ist jenes Bild, das vor über 600 Jahren den frommen Mönch und Mystiker Johannes Tauler zu einem der zartesten und tiefsten Weihnachtslieder inspiriert hat:

„Uns kommt ein Schiff gefahren, es bringt uns süße Last, darauf viel Engelscharen und hat ein' hohen Mast."

Wie hat Georges Bernanos einmal geschrieben? „Die Aufgabe der Kirche besteht darin, den Menschen zu helfen, die Quellen der verlorenen Freude wiederzufinden!"

Darum bin ich für die zweite Version des Kirchenbildes und nicht für den Raketenkreuzer. Und so gut es geht, sollten wir Christen, ob auf der Brücke oder auf den Decks, diese zweite Sicht zu verwirklichen suchen – und das heißt, daß sich die Kirche dieser Zeit mehr um die Rettungsboote zur Bergung Schiffbrüchiger kümmern müßte als um die Kanonen gegen das Böse.

Und das deshalb, weil der gütige Gott in seiner Komposition der Weltgeschichte doch auf den großen Hymnus der Freude als Schlußchor hinarbeitet, und weil also der Dreijährige, der von seinem Vater die rosa Zuckerwolke mit strahlenden Augen entgegennimmt, doch ein winziges Abbild der Menschheit ist, die Gott mit der Botschaft der Weihnacht zur Freude beruft.

# Der Lift des Heils

Die Heilige Nacht ist nicht die Stunde der vielen Worte. Sie ist von einem Flair umgeben, das es in den Religionen der Erde kein zweites Mal gibt. Das christliche Gemüt hat sich dieser Nacht und dieses Festes bemächtigt, wie keines anderen im Jahr. Alle Erhabenheit des Heiligen, die doch beim Menschen so etwas wie ein Erschauern auslöst, diese Erfahrung der unendlichen Distanz zu jenem unfaßbaren Geheimnis Gott, von dem die Mystiker stammeln, und um das die Gedanken der großen Theologen kreisen, all das Unbegreifliche und Unfaßbare – in dieser Nacht taucht es ein in die leise Musik von Harfen und Flöten, von Hirten- und Volksliedern. Die Dichterin Gertrud von Le Fort hat dieses Phänomen einmal mit den Worten beschrieben: „Lob genug ist Ihm ein Wiegenlied ..."
Darf ich das Besondere dieser Nacht von Bethlehem mit einem Bild aus dem Alltag unseres heutigen Lebens vergleichen? Seit Jahrtausenden ist der Lift des Heils auf dem Weg herunter zu uns. Von jener ersten Verheißung des Erlösers in der Genesis leuchten auf der Fahrt herunter durch die Menschheitsgeschichte die Stockwerke auf, in dem Sehnen und Ahnen der Religionen, in den Urbildern und Vorbildern des Alten Testaments. Tiefer geht die Fahrt

über die Verheißungen der Propheten und die Visionen eines Jesaja und eines Daniel. In den letzten Stockwerken tauchen in den Büchern der Sprüche und des Jesus Sirach die Botschaften vom Wort auf, das sich auf die Erde schwingt, und von der göttlichen Weisheit, die zu den Menschen möchte.

Und in dieser Nacht setzt nun der Lift des Heils ganz sanft im Erdgeschoß des Universums auf, mitten im Milieu unserer menschlichen Armseligkeit und Sünde, unserer Verlorenheit und unseres Leichtsinns, unserer Traurigkeiten und Belastungen. Der Lift des Heils setzt ganz sanft auf, und die Tür öffnet sich, und drinnen ist ein Kind, das uns hineinwinkt, damit es mit uns hinauffahren kann.

Dieser Charme Gottes ist nicht zu überbieten. Er konnte nicht weniger werden als ein hilfloses Kind, und er konnte nicht weiter herunterfahren als bis zu einem schmutzigen Schafstall draußen vor der Stadt und zu einem primitiven Freßtrog für die Tiere. Er ist nur so weit herabgefahren, damit Er uns einladen kann zur großen Auffahrt. Das Kind winkt uns lächelnd hinein in den Lift des Heils, und wir dürfen mit Ihm die Fahrt beginnen, die Fahrt über Düsternisse und Lebensschicksale hinauf bis zum paradiesischen Dachgarten der Herrlichkeit, hinauf zur letzten ungestörten Etage des Glücks, hoch über den dunklen Straßenschluchten der Menschheit, der Zeit und der Geschichte.

Das ist's, was wir in der Heiligen Nacht feiern: daß der Lift des Heils sanft und leise auf dem Erdgeschoß des Universums aufsetzt, und daß sich die Türe öffnet, und uns das göttliche Kind hineinwinkt zum Mitfahren, hinauf in das Glück.

Und deshalb darf die ganze Kultur rund um diese Heilige Nacht ganz ruhig etwas Unbeschwert-Kindliches, Gemüthaft-Schlichtes, Heiter-Beschwingtes, ja Spielerisch-Übermütiges haben. Gott kommt als Kind zu uns – da passen keine Mammutorchester und dröhnende Lautsprecher, da gilt wirklich das Wort von Gertrud von Le Fort: „Lob genug ist Ihm ein Wiegenlied ..."

# Dunkel und Licht
# in der Heiligen Nacht

Daß Weihnachten ein schönes Fest ist, in dem das so oft zu kurz kommende Gemüt einmal voll zu seinem Recht kommt, daran besteht kein Zweifel. Aber es ist auch gefährlich, es einfach in eine Idylle umzufunktionieren. In dieser Zeit, in der eben die weichere Seite des Herzens Saison hat, rieselt und duftet, kuschelt und flötet, klingelt und glänzt, flittert und flackert so viel um dieses Fest herum, daß darob die herbe, stille Größe des Mysteriums leicht ins Abseits geraten kann. Und wenn man die reklamehaften Auswüchse von Weihnachten ins Auge faßt, dann hat es beinahe den Anschein, als wollte man das Ewige Wort auf dieser Erde mit einer Konfettiparade begrüßen, wie die ersten glücklich gelandeten Astronauten. Das schwelgende Ausufern dieses Festes im Idyllischen hat also seine Gefahren. Trotzdem wage ich es, den besinnlichen Leser dieser Zeilen zur Einstimmung auf den Heiligen Abend zu einem sehr idyllischen Plätzchen unserer Heimat einzuladen. Tief unter der Frau Hitt und den steilen Waldhängen des Achselkopfs duckt sich in den Wäldern über Innsbruck das „Höttinger Bild", eine kleine Marienwallfahrtskapelle. Die jahrhundertealte Studenten-

129

wallfahrt hat ihren Intimcharakter und ihre Bescheidenheit immer bewahrt, und so hat das „Höttinger Bild" viele Liebhaber bis zum heutigen Tag. Wer im Frühling bei erwachender Sonne eine Samstag-Morgen-Messe am Freialtar vor dem Heiligtum erlebt hat, beim Spiel der Sonne durch das grüne Blätterdach und Vogelgezwitscher, wird eine solche Stunde nicht so leicht vergessen.

### Idyll mit Mißtönen

Aber wenn ich für diese kleine Weihnachtsbetrachtung zu dieser Kapelle im Abseits der Stadt Innsbruck einlade, dann verlocke ich diesmal doch nicht einfach zu einer Wanderung in die Idylle. Im Jahr 1993 lugten am „Höttinger Bild" keine Rehlein hinter den Bäumen hervor, und über den Forstweg herunter klingelte kein Schlitten mit Englein und Paketen ...

Das beliebte Heiligtum erzählte am Ende des Jahres 1993 nicht von Waldesfrieden und stillem Glück, sondern wartete eigentlich mit Grusel- und Horrorgeschichten auf, gerade so, als sei es von der Wilden Jagd der dunklen Mächte in unserer Gesellschaft gestreift worden.

Es begann mit dem Versuch, den kleinen Opferstock auszurauben, der ja nicht gerade überwältigende Schätze birgt. Schlimmer war der Einbruch mit dem Diebstahl der

Heiligenfiguren vom Altar, ein trauriges Zeugnis jenes Erwerbstriebs im Kunstbereich, dem buchstäblich nichts heilig ist. Es folgte dann eine Schmieraktion an der neurenovierten Kapelle – eine Orgie im Geiste jener Briefbombensympathisanten, die am wehrlosen kleinen Kirchlein ihre primitive Gesellschaftskritik zum Ausdruck bringen wollten, wenn man einer derartigen Aktivität einen so vornehmen Namen geben will. Und schließlich kam es im Kirchlein zu einer Bluttat, als ein flüchtiger Psychopath und Mörder eine ahnungslose Beterin niederstach.

Sag ich zuviel, wenn ich von der Wilden Jagd der chaotischen Wirbelmächte unserer Zeit rede? Sind das nicht jene Phänomene, bei denen man nie genau auseinanderklamüsern kann, was Alkohol, Dummheit, Aggression, Vorurteil, Primitivität, Bosheit, Psychopathie oder Dämonie ist? Das „Höttinger Bild" hat jedenfalls von alldem eine Probe in diesem Jahr abbekommen, so wie wir alle tagtäglich mit diesen Neuauflagen des inhumanen Widersinns und des rätselhaften Bösen konfrontiert werden.

### *Es war schon immer so ...*

Und in das alles hinein fiel das Geheimnis der Heiligen Nacht, als ich damals um 23 Uhr da droben die Christmette feiern durfte. Und dabei muß man sagen, daß das

131

Ambiente des Geschehens von Bethlehem damals genau so wenig idyllisch war wie dieser Hintergrund zum „Höttinger Bild". In Bethlehem gab es nicht nur Engelreigen und das kurze, ergreifende Gastkonzert der großen himmlischen Philharmonie, es gab dort auch den höchst unromantischen Geruch der Armut, den kalten Hauch des Unbehaustseins, und hinter allem die dunklen Wolken der Bedrohung durch eine mißtrauische Staatsraison, durch die gefährliche Angst eines Tyrannen um seine Macht, und das aus dieser Angst entspringende rücksichtslose Kalkül, das uns auch vom Herodes der Geschichte bekannt ist.

Darum taucht in den alten Choralgesängen der Kirche zur Weihnacht auch jener Psalm auf, den man im Umkreis der Krippenszene an sich nicht vermuten möchte: „Warum toben die Völker, warum machen die Nationen vergebliche Pläne? ... die Großen haben sich verbündet gegen den Herrn und seinen Gesalbten ... Doch er, der im Himmel thront, lacht, der Herr verspottet sie." (Psalm 2, 1ff) Weihnachten hat von Anfang an auch diese herbe Seite. Es ist zwar ein wunderbar tröstliches Fest. Aber es ist ein Trotzdem-Fest. Gott wird trotz aller Nachtgespenster des Wirren und Bösen Mensch. Sein lieblich-leises Kommen in dem Stall von Bethlehem ist eine Initiative der Liebe inmitten von Lieblosigkeit. Es ist keine Flucht ins trauliche Reduit.

*Weihnachten ist auch Auseinandersetzung*

Darum gehört zur christlichen Weihnacht auch das hellwache Sichauseinandersetzen mit dem Dunkel. Das Beladen des nächsten Lkws für Bosnien genauso wie das Kerzenanzünden am Baum, die Sorge für das werdende und der Schutz für das verlöschende Leben genauso wie die schöne alte Wiegenweise für das Christkind, das Eintreten für Flüchtlinge genauso wie das Anklöpfelsingen, die Initiativen um die Obdachlosen genauso wie das Strohsterne-Kleben, die Bemühungen um Sozialisierung und Rehabilitierung genauso wie das Krippenbauen. Der Stern der Weihnacht muß immer wieder über einer nächtlichen Welt aufblitzen, einer Welt des Leids und des Bösen – von Bethlehem bis zum „Höttinger Bild". Und immer wieder werden das Traurige und das Tröstliche aufeinanderstoßen.

Ich wollte die Christmette damals vor dieser kleinen Waldkapelle einfach spontan deshalb feiern, weil ich wie viele andere über das, was in diesem Jahr da oben geschehen ist, so schockiert war, vor allem über das blutige Attentat auf die „Kleine Schwester" des Charles de Foucauld. Sie hatte noch vor Weihnachten Innsbruck gesund und fröhlich verlassen und mir lachend gesagt, ich solle alle Wallfahrer am „Höttinger Bild" herzlich grüßen, und sie sollten sich durch das, was sie erlebt habe, ja nicht abhalten lassen, dorthin zu gehen – sie sei nach ihrer Genesung auch schon zweimal wieder droben gewesen. Vielleicht muß man dazu wissen, daß dieser Orden der Kleinen Schwestern des Charles de Foucauld nach seiner Ordensregel verpflichtet ist, in die am wenigsten attraktiven Milieus der Welt zu gehen und dort das Leben der Bedrückten und Bedrängten zu teilen. Darum war sie schon wieder auf dem Weg in irgendeine trostlose Bannmeile einer Großstadt, also auf dem Weg in Richtung irgendeines Stalls, in dem Christus von neuem geboren werden soll. Und das Lachen dieser tapferen Frau hat mir in dieser Weihnachtsnacht nachgeklungen, als um 24 Uhr die Glockenklänge aus Stadt und Land hinaufwanderten zu den nächtlichen Bergen ...

# Weihnachten – das sanfte Fest

Feste haben ihre Atmosphäre, die in Jahrhunderten gewachsen ist, und die offenkundig auch noch in eine Gesellschaft hinein weiterwirkt, die sich in ihrer Gesamtheit dem tiefsten Sinn solcher Tage doch eher entfremdet hat. Aber es bleibt eine gewisse Ausstrahlung, eine Art Fluidum, ähnlich den Wellenkreisen, die noch immer ans Ufer schwappen, auch wenn der Stein, der ins Wasser geworfen wurde, schon längst versunken ist. Und was die Weihnacht betrifft, so scheint sich unsere bunte, vielschichtige, differenzierte und meist so konsensarme Welt von heute in einem Punkte einig zu sein: Weihnachten ist ein sanftes Fest.

*Um Weihnachten gehört sich vieles nicht ...*

Rund um den Heiligen Abend gelten aggressive Töne, hitzige Auseinandersetzungen und schonungslose Kritik als Stilbruch. Selbst der Parlamentspräsident spricht zu diesem Anlaß ins Kampfgetümmel versöhnliche Worte, und die Mitglieder der Fechtklubs in der politischen Arena senken die Degen. Wer immer es wagen sollte, diesen adventlichen Ausklang mit einer parteitaktischen Wadlbeißerei zu stören, läuft Gefahr, sein Image bis zum letzten Fernsehapparat gründlich zu ruinieren. Ein Hauch von Freude, Versöhnung und gemeinsamem Wollen zieht durch Europas Hohe Häuser – wie ein exotisches, ungewohntes Parfüm.

Um Weihnachten sägt man nicht an Ministerstühlen, setzt der schärfste Reporter nicht den Drillbohrer seiner Fragen an, fällt keine Faust zu telegener Entrüstung dröhnend aufs Rednerpult. Die Redakteure der Skandalpresse schubladisieren die jüngsten Enthüllungen für die Zeit danach und verschonen damit die Festausgaben. Kampfparolen verstummen, aufwühlende Transparente werden eingerollt, harte Abstimmungen um Prozente und Anteile vertagt. Humane Ämter halten – wenn möglich – Briefe mit belastenden Inhalten lieber zurück, und vermutlich sind am Tag vor dem Heiligen Abend wenig Gerichtsvollzieher unterwegs. Professoren werden es vermeiden, als letzten Gruß vor dem Fest noch schnell die Fünfer in Latein und Mathematik zu verteilen, und selbst die aggressive Mieterin im ersten Stock verkneift sich am Heiligen Abend das sonst übliche Stiegenhausgefecht. Wer dieses Gesetz der Weihnacht nicht beachtet, setzt sich dem Ruf aus, ein Barbar zu sein. Denn Weihnachten ist ein sanftes Fest.

Irgendwo im Dschungelkrieg in Südamerika schweigen während der Feiertage vielleicht die Waffen zwischen

Regierungstruppen und Guerilleros. In den Planungszentren des Kreml und des Pentagon dürften sich zwar die sänftigenden Zauber der Heiligen Nacht kaum durchsetzen, aber immerhin geht um den ganzen Erdkreis eine Flut von Botschaften und Appellen zur Abrüstung, zur Völkerverständigung und zu neuen Anläufen in Richtung Frieden. An sich ist dies alles ein erstaunliches Phänomen. Diese sanften Wellen der Versöhnlichkeit und des Friedenswillens, die da durch die Geschichte bis an die fernsten Ufer dieser Gesellschaft des zwanzigsten Jahrhunderts plätschern, sind keineswegs selbstverständlich. Und sie werden noch verwunderlicher, wenn man bedenkt, daß den auslösenden Stein eine winzige Kinderhand vor zweitausend Jahren in das Meer der Zeit geworfen hat. Und selbst wenn die verschiedenen Aggressionshemmungen und Friedensimpulse nur kurzlebig vorüberhuschen, man begrüßt sie zunächst doch – als Signale der Menschlichkeit, als Lebenszeichen einer unausrottbaren Sehnsucht, die da um diese Dezembertage wie ein Sonnenstrahl durch die Wolken bricht.

*Das strapazierte Wort vom Frieden*

Und trotzdem kann man sich eines unguten Gefühls nicht erwehren, und ich vermute, daß ich mit diesen Empfindungen nicht ganz allein dastehe. Erinnert das alles nicht an eine Art Pflichtübung in Sachen Friede, die sozusagen kalendermäßig alljährlich fällig wird, und die wie eine Wunderkerze am Christbaum verzischt? Verwehen diese sanften Töne nicht so schnell wie die süßen Weisen der Turmbläser über den Dächern? Schalten wir nicht schon längst unwillkürlich ab, wenn wir die gewohnten Botschaften, Predigten und Aufrufe zum Weltfrieden vernehmen? In unserer Zeit haben manche an sich kostbaren Worte einen beängstigenden Verschleiß. Sie sind einfach zu oft gedacht, gesagt, gedruckt, vervielfältigt und gesendet worden, sie sind zu oft über Kanzelbrüstungen gepurzelt und haben sich immer wieder in die Mikrofone gedrängt, sie sind zu häufig über Ätherwellen und Bildschirme gehuscht und sind bis zur Ermüdung mit falschem Pathos über die Welt gestreut worden. Eines dieser strapazierten Worte heißt „Friede".

„Bitte, reden Sie nicht über den Weltfrieden", hat die Schulsprecherin einer Höheren Schule zu mir gesagt, „es reicht uns langsam ..."

Dabei war das Mädchen natürlich außerordentlich friedliebend und erklärte Kriegsgegnerin. Aber sie wollte wohl im Namen ihrer Mitschülerinnen und Mitschüler jenes Unbehagen aussprechen, das bei jungen Menschen aufkommt, wenn sie Unechtheit und Phrasenhaftigkeit zu spüren glauben.

Tatsächlich legt mir der Wunsch dieses Mädchens nahe, die sanfte Botschaft der Weihnacht, den üblichen Friedensappell mit einem vorsichtigen Understatement in den Mund zu nehmen. Die schmetternden und letztlich doch recht unverbindlichen Appelle kommen bei diesem Thema zu leicht über die Lippen des Predigers und die Tasten der Schreibmaschine. Also möchte ich es etwas bescheidener geben. Ich vermeide den flammenden Aufruf an Länder und Machthaber (die sowieso nicht herhören, wenn irgendein kleiner Bischof darüber schreibt) Ich versage mir auch die visionäre Ankündigung einer ganz, ganz anderen, humanen Gesellschaft, von der einige Utopisten träumen, man könne sie mit einer vernichtenden Kritik alles Gegenwärtigen und ein paar Schreibtisch-Zauberformeln für die Zukunft herstellen.

### Die befreiende Sperrmüllaktion der Seele

Ich würde lieber vorschlagen, anläßlich des sanften Festes mit einer Sperrmüllaktion des eigenen Herzens zu beginnen. Wir schlichten nämlich, wie primitive Revoluzzer, aus alten Vorurteilen, ererbten Abneigungen, aus ganz falschen oder halbwahren Informationen und aus den Verärgerungen des Alltags in unserer Seele immer wieder Barrikaden auf, die den Weg zum anderen blockieren, und

über die wir höchstens von Zeit zu Zeit den Molotow-cocktail einer Unfreundlichkeit oder Gehässigkeit schleu-dern, ohne daß wir das Ziel auch nur richtig sehen. Und wir errichten diese Straßensperren, die ich auch bei mir spüre, gegen Einzelpersonen und Gruppen, gegen Stände und Nationen, gegen Moden und Frisuren, gegen Klassen und Berufe, gegen „die da oben", „die da unten" oder „die da drüben". Diese gar nicht leichte Aufräumungsar-beit wäre etwas ganz anderes als wortreich-pathetisches Friedenstrara, und sie wäre mehr als eine vierundzwanzig Stunden dauernde sanfte Weihnachtsstimmung. Vermut-lich ginge diese Sperrmüllaktion in den Herzen an die Wurzeln vielen Unfriedens in der Welt.

Und dabei käme nicht nur der andere Mensch besser ins Blickfeld, weil uns das oben genannte Gerümpel nicht mehr so die Sicht verstellt, ich glaube, es wüchse uns auch der Sinn für Tieferes, vielleicht auch für die eigentliche Tie-fendimension des Festes. Es könnte ein Ahnen in uns auf-kommen, daß Weihnachten sich nicht nur in Umsatzkur-ven, Stimmungswogen und seichtem Friedenswellenge-plätscher am Ufer der Konvention und des Kalender-brauchs erschöpft, sondern daß es auf das Geheimnis einer strömenden Liebe verweist, die aus den Abgründen des Göttlichen kommt. Vielleicht könnte es uns wirklich zur gläubigen Begegnung mit jenem Kinde von Bethle-hem führen, das keineswegs nur ein liebliches Winter-

märchen ist, wie man's den Kindern – früher auf Ofen-
bänken und heute auf Schallplatten und Kassettenrecor-
dern – erzählt. Die beste Chance, diesem Kinde nahezu-
kommen, hat allemal der, der den sittlichen Anlauf vom
flammenden und vorwurfsvollen Appell an andere auf die
schwierigere Bühne des eigenen Herzens verlegt. Und
dieses Kind, das die Weltgeschichte in Atem hält, ob
man's nun wahrhaben will oder nicht, verheißt einen
Schalom, einen Frieden, der das ersehnte Schweigen der
Waffen bei weitem übersteigt und mitten in einer
bedrängten Lebenswirklichkeit aufblühen kann. Denn von
diesem Kinde gilt, was ein Weiser des Alten Testaments
einige hundert Jahre vorher ahnend ausgesprochen hat:
„Als tiefes Schweigen das ganze All umfing, und als die
Nacht in der Mitte hielt ihre Bahn, da sprang dein all-
mächtiges Wort vom Himmel hernieder auf die Erde ...“

# Bildnachweis